Säulen des Lebens

Sylvia Wetzel

Säulen des Lebens

Was uns trägt

Patmos Verlag

Wichtiger Hinweis:
Die in diesem Buch enthaltenen Informationen, Hinweise und Übungen wurden nach bestem Wissen der Autorin erstellt und sorgfältig geprüft. Sie ersetzen jedoch nicht den persönlich eingeholten (psycho-)therapeutischen oder medizinischen Rat. Verlag und Autorin können für Irrtümer oder etwaige Schäden, die aus der Anwendung der dargestellten Informationen, Hinweise oder Übungen resultieren, keine Haftung übernehmen. Deren Nutzung bzw. Durchführung erfolgt auf eigene Verantwortung der Leserinnen und Leser.

FSC www.fsc.org MIX Papier | Fördert gute Waldnutzung FSC® C083411

Klimaneutral Druckprodukt ClimatePartner.com/14549-2003-1001

Die Verlagsgruppe Patmos ist sich ihrer Verantwortung gegenüber unserer Umwelt bewusst. Wir folgen dem Prinzip der Nachhaltigkeit und streben den Einklang von wirtschaftlicher Entwicklung, sozialer Sicherheit und Erhaltung unserer natürlichen Lebensgrundlagen an. Näheres zur Nachhaltigkeitsstrategie der Verlagsgruppe Patmos auf unserer Website www.verlagsgruppe-patmos.de/nachhaltig-gut-leben

Bibliografische Information der Deutschen Nationalbibliothek
Die Deutsche Nationalbibliothek verzeichnet diese Publikation in der Deutschen Nationalbibliografie; detaillierte bibliografische Daten sind im Internet über http://dnb.d-nb.de abrufbar.

Verlagsgruppe Patmos in der Schwabenverlag AG, Ostfildern
www.verlagsgruppe-patmos.de

Umschlaggestaltung: Finken & Bumiller, Stuttgart
Gestaltung, Satz und Repro: Schwabenverlag AG, Ostfildern
Druck: CPI books GmbH, Leck
Hergestellt in Deutschland
ISBN 978-3-8436-1524-2

Inhalt

Einführung

Beziehungen sind das ganze Leben.
Wir brauchen Menschen wie die Luft zum Atmen.
Lebensweisheit

Leben ist tragisch und erhaben.
Alles, was kommt, muss auch wieder geh'n. Leben geschieht,
niemand hat es im Griff. Nur das Ende des Haderns bringt Frieden.
Die Vier Siegel. Lied zur Essenz des Buddhismus

Allein machen sie dich ein.
Provokativer Spruch der 1968er-Generation

Mögen die Wesen nur Glück erleben, frei sein von Leid,
voller Freud, in Gleichmut ruh'n.
Die Vier Unermesslichen Haltungen. Buddhistisch

Viele Menschen sind heutzutage verunsichert und suchen nach Orientierung. Was gibt Halt in Krisen und Umbrüchen? Wie können wir die Widersprüche des Lebens aushalten und klug damit umgehen lernen? Das sind große Fragen, auf die es keine einfachen Antworten gibt. In diesem Buch will ich Ihnen einige Überlegungen und Übungen vorstellen, die mir seit über vierzig Jahren helfen, konstruktiv mit kleinen und großen Veränderungen und Krisen umzugehen: in Beziehungen, in meinem nahen Umfeld und in der großen weiten Welt.

Thema der Herbsttagung 2022 der Internationalen Gesellschaft für Tiefenpsychologie in Lindau waren Überlebensbilder und Quellen innerer Kraft, also das, was uns in schweren Zeiten trägt. Dieses Buch ist inspiriert von dem sehr lebendigen fünftägigen Seminar zu den tragenden Säulen des Lebens, das ich auf dieser Tagung gehalten habe.

Auch wenn wir es uns noch so sehr wünschen, wissen wir, dass das Leben kein Wellness-Urlaub ist. Es ist aus buddhistischer Sicht

»tragisch und erhaben«, weil sich nicht nur schwierige, sondern auch gute Bedingungen immer wieder verändern und wir unser Leben nie völlig in den Griff bekommen können. Leider auch nicht mit guter Ernährung, Medizin und Psychotherapie, mit ausgefeilter Hightech und sogenannter Künstlicher Intelligenz usw. Auch die Hingabe an einen spirituellen oder religiösen Weg, sei es in Gestalt christlicher Mystik oder buddhistischer Meditation, reicht nicht aus. Was kann uns im Auf und Ab des Lebens, in Krisen und Umbruchzeiten ermutigen, nähren und vielleicht sogar tragen?

Die Soziologie spricht hier von *Fünf Säulen* des Lebens. In traditionellen Begriffen sind das: Familie und Wohnen, Arbeit, Gesundheit und Religion. Wir können auch von nahen und vertrauten Beziehungen, Wohnung und Nachbarschaft, Arbeit als Lebensunterhalt und als Ausdruck unserer Fähigkeiten und der Kooperation mit anderen, Gesundheit sowie Religion im Sinne gemeinsamer Werte und Praktiken sprechen. Eine Faustregel betont: Solange nur ein oder zwei Säulen wanken, kommen wir mehr oder weniger klar mit unserem Leben. Wanken drei oder mehr Säulen, geraten wir in eine tiefe Krise.

Das Herz aller fünf Bereiche sind Beziehungen. Manchmal vergessen wir, dass wir vor allem und zuerst Beziehungswesen sind. Wir können nur selbstständige und verantwortliche Individuen werden, wenn wir in vielfältigen Beziehungen mit Kontinuität eingebettet sind. Daher sage ich gerne: Wir brauchen Menschen wie die Luft zum Atmen.

Die Fünf Säulen geben eine allgemeine Orientierung für Menschen in unterschiedlichen Gesellschaften und Kulturen. Da sich dieses Buch an Menschen im deutschsprachigen Kulturraum richtet, beleuchte ich auch den politischen und sozialen, kulturellen und religiösen Kontext »hier bei uns«. Mit dem Bild der Säulen betrachten wir unser Leben in Vergangenheit und Gegenwart. Dazu gibt es in diesem Buch unterschiedliche Gedanken und Überlegungen, thematische Meditationen von A bis Z und Vorschläge für die Gestaltung des Alltags. Mit ihrer Hilfe erkennen wir vielleicht klarer, was uns trägt, was fehlt und welche Bereiche wir wie stärken können.

Ich weise in diesem Buch immer wieder auf Autorinnen und Bücher hin, die mich inspirieren und die mein Verständnis komplexer Zusammenhänge fördern. Darunter sind auch einige inspirierende Zitate, aber vor allem geht es mir darum, auf diese Bücher hinzuweisen. Sie machen den Kontext meiner Interpretationen und bestimmter Begriffe deutlich. Und ich empfehle bei Interesse die Lektüre dieser Bücher.

Da die Vertrautheit mit Aussagen und Übungen, Versen und Liedern Vertrauen in die darin beschriebenen Inhalte fast mühelos fördert, wiederhole ich einige Verse und Lieder, Aussagen und Hinweise immer und immer wieder. Vielleicht fallen Ihnen dabei selbst auch einmal Sätze und Verse, Lieder und Aussagen ein, die Ihr Leben seit Kindheit und Jugend oder in den letzten Jahren und Jahrzehnten inspirieren.

Schwarzwald im Sommer 2023
Sylvia Wetzel

Teil Eins

Vom Sinn des Lebens

I. Beziehungen im Wandel der Zeiten

Von allen Geschenken, die uns das Schicksal gewährt,
gibt es kein größeres Gut, keinen größeren Reichtum,
keine größere Freude als die Freundschaft.
EPIKUR VON SAMOS

Ein wahrer Freund ist einer, der zu uns kommt,
wenn der Rest der Welt sich abwendet.
WALTER WINCHELL

Blumen können nicht blühen
ohne die Wärme der Sonne.
Menschen können nicht Mensch werden
ohne die Wärme der Freundschaft.
PAUL BOSMANS

Vielfalt in Stadt und Land

Keine Gesellschaft ist homogen, auch die deutsche nicht, und sie war es nie. Menschen sind und bleiben einzigartig, und doch sind wir auch geprägt von unseren Beziehungen und der Gesellschaft, in der wir derzeit leben. Jede Region und Kultur und jede Zeit ist anders. Das war so zur Zeit der Jäger und Sammlerinnen und in den Ackerbaukulturen. Und seit es Städte gibt, unterscheidet sich das Leben in den Städten mit Handwerk und Handel, Gewerbe und Industrie vom Leben auf dem Land. Und das gilt auch heute noch im 21. Jahrhundert. Immer schon kamen Menschen aus anderen Regionen und Ländern ins Land und wurden Teil einer vielfältigen Gesellschaft.

Ich wurde 1949 in einem kleinen badischen Städtchen mit rund 4000 Einwohnern geboren und wuchs in einer Großfamilie auf. Als Kreisstadt hatten wir eine sehr gute Infrastruktur mit Gaststätten und Cafés, Lebensmittelläden, Möbel- und Bekleidungsgeschäften,

Handwerkern, kleinen Fabriken, Volks- und Realschule. Das gab und gibt es bis heute, wenn auch in kleinerem Umfang, und immer noch gibt es ein paar Ärztinnen und Krankengymnasten, eine Apotheke und ein Krankenhaus.

Ich kannte auch viele Bauern aus Einödhöfen, die »im Städtle« die Kirche besuchten und einkauften, und Menschen aus allen Schichten und Berufen. Da meine Familie ein traditionsreiches Gasthaus »im Herzen des Schwarzwalds« führte, lernte ich schon als kleines Mädchen Menschen aus aller Welt kennen. Da kamen »Kurgäste« aus England, Frankreich und Holland, und ab und zu gab es Besuch aus den USA, und auch »Gastarbeiter« aus Italien, Spanien und Portugal gehörten zum Alltag.

Nach dem Abitur 1968 studierte ich zunächst drei Jahre in Heidelberg und später in Berlin Politik und Russisch für das Lehramt an Gymnasien und entdeckte eine neue bunte Welt mit Menschen aus allen Regionen Deutschlands. Bei aller Liebe zum bunten und gastfreundlichen Berlin bin ich immer gerne »nach Hause« in den Schwarzwald gefahren und im Juni 2023 nach über 55 Jahren, nach fast dreißig Jahren in einem kleinen Brandenburger Dorf südlich von Berlin, dorthin zurückgezogen, und ich fühle mich sehr wohl in der alten neuen Heimat.

Meine Grundthese in diesem Buch ist: Wir brauchen vielfältige langfristige Beziehungen *und* Vertrauen ins Große Ganze, damit wir Individuen werden können, die ihre Freiheiten in einem demokratischen Rechtsstaat mit Verantwortung und Rücksicht auf ihre Mitmenschen ausüben wollen und können – ohne uns in Perfektionsansprüche und Feindbilder zu flüchten. Wie soll das gehen? Das ist nicht einfach, aber möglich. Ob man das Große Ganze nun Gott, christliche Kultur, Natur oder Kosmos nennt, ist für mich zweitrangig. Aber durch den Verlust von Werten, die mit anderen geteilt werden, gehen Orientierung und Geborgenheit zunehmend verloren, und dann fühlen sich viele Menschen desorientiert, verunsichert und ohnmächtig.

Beziehungen in Vormoderne, Moderne und Postmoderne

Ein wichtiger Faktor für die zunehmende Unsicherheit und Unzufriedenheit vieler Menschen heute, in großen und kleinen Städten und z. T. auch auf dem Land, ist das Fehlen stabiler Beziehungen mit Kontinuität zu *unterschiedlichen* Menschen. Dazu kommt, dass wir uns auch in Deutschland *kulturell* in unterschiedlichen Welten bewegen. Nicht alle Menschen leben in der Moderne und noch weniger in der Postmoderne. Viele Menschen auf dem Land mit stabilen Beziehungsnetzen leben kulturell in der Vormoderne. Das ist keine Abwertung dieser Lebensform, sondern eine wichtige Einsicht für das soziale und politische Umgehen miteinander, die immer noch viel zu wenig reflektiert wird.

Der häufig zitierte Kultursoziologe Andreas Reckwitz unterscheidet im heutigen Deutschland, sehr grob und holzschnittartig, aber durchaus zutreffend, drei unterschiedliche Kulturen oder Lebenshaltungen: die neue postmoderne *kosmopolitische Mittelschicht*, die vor allem in großen Städten lebt und fest daran glaubt, dass modern zu sein bedeutet, keine konkrete Heimat zu brauchen und sich überall zuhause fühlen zu können.

Dann gibt es die *alte Mittelschicht*, die sich kulturell abgewertet fühlt, weil ihre eher traditionellen Vorstellungen von Familie und christlichem Abendland nicht mehr Leitkultur sind. Und schließlich Teile der *Arbeiterschaft*, die sich nicht mehr über das lebenslange als sinnvoll und nützlich erlebte Arbeiten im selben Beruf und in derselben Branche oder Firma definieren können, sondern z. T. in prekären und unsicheren Arbeitsverhältnissen leben müssen.

Diese Entwicklungen können wir in ganz Europa und in den USA beobachten, und sie sind wohl ein wichtiger Auslöser für die Sehnsucht nach der guten alten Zeit, die es so nie gab, und damit auch für das Entstehen politisch rechter und rückwärtsgewandter Bewegungen. Meine Vermutung ist, dass die Mehrheit der Menschen auch im sogenannten Westen von den schnellen Veränderungen überfordert ist, die durch Globalisierung und kulturelle Postmoderne ausgelöst wurden und werden.

Die Soziologie spricht von den Fünf Säulen des Lebens, traditionell sind das Familie, Wohnen und Nachbarschaft, Arbeit, Gesundheit und Religion, die ich als Rahmen für meine Überlegungen in diesem Buch verwende. Bei vielen Menschen wanken mehrere, wenn nicht sogar *alle* Säulen des Lebens. Denn wenn die drei traditionellen Säulen von Familie, Nachbarschaft und Arbeit brüchig werden, wird man häufig auch krank, und ohne geteilte Werte – traditionell war das für viele die religiöse Bindung – fühlt man sich verloren. Das ist ein weiterer Faktor für die große Verunsicherung vieler Menschen. Der Philosoph Jürgen Habermas und andere moderne Soziologen und Philosophinnen sprechen von »metaphysischer Obdachlosigkeit«[1] und interpretieren so den Verlust des Gefühls der Bezogenheit auf und der Verbundenheit mit dem Großen Ganzen, das viele Menschen in Europa und in westlichen Gesellschaften derzeit erleben.

Einige rechtfertigen ihre diffusen Ängste und ihre Verzweiflung mit konkreten Feindbildern. Schuld an der Misere sind dann die Migranten oder die Linken, die Konservativen, der Kapitalismus oder das System usw. Konkrete Feindbilder entlasten für eine Weile, schreiben aber anderen Menschen und Gruppen zu viel Macht zu und verstärken daher die eigene Ohnmacht. Das macht diese Feindbilder politisch sehr gefährlich, denn sie beeinträchtigen ein respektvolles und zuversichtliches Zusammenleben mit immer auch unterschiedlichen Menschen sehr. Und das ist die Voraussetzung für eine demokratische Gesellschaft, denn der eigene Standpunkt bleibt immer begrenzt. Je mehr wir das begreifen, desto mehr verstehen wir, dass wir andere Perspektiven brauchen, um konstruktiv mit dem komplexen Leben umgehen zu lernen.

Ich bleibe trotz allem recht zuversichtlich und glaube nicht, dass primär angstgesteuerte Bewegungen in Europa die demokratischen Verfassungsstaaten völlig zerstören können, aber sie gefährden das konstruktive Zusammenleben unterschiedlicher Menschen. Und genau diese Bereitschaft, mit »Menschen im Plural« über die Gestaltung der gemeinsamen Welt zu verhandeln, wie es die politische Philosophin Hannah Arendt anschaulich und poetisch beschreibt, ist die Grundlage eines demokratischen Verfassungsstaates.

Politik und Gesellschaft. Gleich und verschieden

Menschen in modernen Gesellschaften sind mit einem Paradox konfrontiert: Wir wollen und sollen uns in Politik und Recht als *Gleiche* betrachten, erleben uns aber *konkret* und in unterschiedlichen gesellschaftlichen Gruppen und Schichten als sehr *verschieden*. Durch vielfältige und tragende Beziehungen mit Kontinuität lernen wir mit diesem Paradox konstruktiv umzugehen.

Hannah Arendt beschreibt das Paradox von Gleichheit und Verschiedenheit so: Gleichheit ist ein *abstraktes* Konzept, das im Prinzip in Recht und Politik gilt, d.h. vor dem Gesetz und bei demokratischen Wahlen. Die *konkrete* Gesellschaft ist dagegen der Raum der Unterschiede und der Verschiedenheit. Menschen haben dort die Freiheit, sich in unterschiedlichen Interessengruppen zusammenzuschließen.

Die funktionale Differenzierung der Gesellschaft in unterschiedliche Bereiche – Recht und Politik, Wirtschaft und Wissenschaft, Philosophie, Kunst und Religion usw. – führt dazu, dass Menschen immer weniger durch geteilte Werte getragen werden. Die Bereiche der Gesellschaft haben sich verselbstständigt, und das gibt vielen Menschen große individuelle Freiheit, die sie sehr schätzen. Aber der Zusammenhalt der Gesellschaft als Ganzes ist dadurch gefährdet. Konfliktlinien verlaufen grob gesagt zwischen Konservativen, Liberalen und Linken. Konservative sehnen sich nach gemeinsamen Werten, nach einer nationalen Leitkultur, und stark individualistische Menschen sprechen nur noch von Freiheit und werten solche Wünsche oft polemisch ab. Und dann gibt es noch die vielen Spielarten der Linken, bei denen viele von einer heilen Welt ohne Kapitalismus und soziale Unterschiede träumen. Diese unterschiedlichen Gruppen können sich bislang auf keine mehrheitsfähige politische Strategie einigen, die aber Voraussetzung für eine demokratische Umgestaltung wäre.

Das Zusammenleben in einer pluralistischen Gesellschaft ist einfacher, wenn viele Menschen Mitglieder unterschiedlicher Gruppen sind. Das scheint mir sogar einer *der* Schlüssel für ein Leben mit Zuversicht und für ein *demokratisches* Miteinander zu sein. Meine Faustregel besagt: Wir brauchen mindestens drei unterschiedliche Gruppen, denen wir uns verbunden fühlen, um erwachsen, verantwortungsvoll und demokratiefähig zu werden.

Ganz unterschiedliche Gruppen können zu dieser Entwicklung beitragen: Familie, Freundeskreise und Nachbarschaften, Arbeitsteams und Berufsverbände, Sportvereine oder Kegelclubs, Intervisionsgruppen oder Naturschutzverbände, Parteien oder Sozialverbände mit Ehrenämtern, religiöse Gemeinden oder Meditationsgruppen. Sie alle können tragende Stützen des Lebens sein. Und so treiben viele Menschen zusammen Sport, engagieren sich in unterschiedlichen Parteien, Gewerkschaften und NGOs, in kulturellen Einrichtungen, Chören und Wanderclubs usw.

Ungünstig für die persönliche Entwicklung und sehr gefährlich für ein demokratisches Zusammenleben ist soziale Einsamkeit und auch die Fixierung auf eine einzige Gruppe. Das führt schnell zu Sektenverhalten, zu Angst vor anderen Perspektiven aufs Leben und damit zu Ohnmacht, Wut und diffusen Ängsten. Hinter jeder Wut steckt aus Sicht einiger psychologischer Ansätze und des Buddhismus Ohnmacht. Sie kann nur dann produktiv werden, wenn wir uns auf die schwierige und notwendige Kooperation mit Menschen, die unterschiedlich auf die Welt schauen, einlassen. Klammern wir uns an eine einzige Gruppe, spricht die Soziologie von Regression aufs Stammesprinzip, engl. *tribalism*.

Ein neuer Blick auf die Welt

Seit meiner Studienzeit setze ich mich ein für eine »bessere Welt«. Als Alt-Achtundsechzigerin habe ich viele Modelle kennengelernt und ausprobiert, die diese Vision hatten: Marxismus und Maoismus, Studentenbewegung und Feminismus, Hippie- und Aussteiger-Leben. Ich glaubte von Beginn meiner Studienzeit an nicht an den einen großen Masterplan zur Rettung der Welt und bis heute nicht an eine perfekte Gesellschaft – auch wenn uns politisch interpretierte wissenschaftliche Modelle suggerieren, es gäbe das. Dazu mehr in Kapitel 9 unter dem Stichwort »Fallen«.

Von 1973–1977, vor und nach Abschluss meines Studium 1975, unterrichtete ich Deutsch als Fremdsprache für Aussiedler aus Polen, Siebenbürgen (Rumänien) und der damaligen Sowjetunion. Und das tat ich wieder 1979–1981 in Berlin, und von 1989–1993 in Frankfurt am Main, dieses Mal mit Menschen aus 10–15 Nationen, aus Süd- und Osteuropa, dem Nahen Osten und Thailand, aus

Eritrea und Nordafrika. Ich staunte immer wieder, wie schnell sich viele von ihnen bei uns integrieren konnten. Eine große Rolle spielten dabei stabile Beziehungen innerhalb der Familie und im Freundeskreis, in ihrer Religionsgemeinschaft und auf der Arbeit. Auch in einem fremden Land fanden sich viele erstaunlich schnell zurecht. Aus meiner Sicht war das möglich, weil meist vier ihrer »Säulen des Lebens« stabil waren und blieben.

Als mir im Frühjahr 1977 eine feste Stelle für den Bereich Deutsch als Fremdsprache in einer Berliner Einrichtung angeboten wurde, war mein Nein dazu sehr schnell klar. Ich wollte nicht die nächsten Jahrzehnte bis zur Rente Deutsch als Fremdsprache unterrichten, ohne genau zu wissen, wofür ich eigentlich lebe. Ich wollte endlich *für* etwas sein, denn der politische Kampf *gegen* wechselnde Feinde des »richtigen und guten Lebens« gab meinem Leben keinen Sinn.

Ich hatte im ersten Halbjahr 1974 ein Semester im damaligen Leningrad, heute St. Petersburg, studiert und so einen sehr klaren Eindruck von den Lebensbedingungen in einem sozialistisch regierten Land bekommen. Das war definitiv keine bessere Welt für mich. Im Sommer 1975 besuchte ich mit den Berliner Falken, der Jugendorganisation der SPD, drei Wochen China, um das dortige Gesellschaftsmodell aus erster Hand kennenzulernen. Und noch einmal im Sommer 1977 mit einer Frauengruppe, dieses Mal vor allem mit Blick auf die Lage der Frauen, der »weiblichen Hälfte des Himmels«, wie man in China poetisch sagt. Aber auch diese Version einer besseren Welt erwies sich als wenig inspirierend.

So folgte ich der Empfehlung einer sehr bodenständigen Freundin, einer Ärztin, die 1975–1976 in Nepal Buddhismus studiert und praktiziert hatte, und flog nach dieser zweiten China-Reise von Hongkong direkt nach Indien. Nach ein paar Tagen in Kalkutta fuhr ich auf Empfehlung eines ihrer Freunde ins nordindische Dharamsala, der Residenz des Dalai Lama und seiner tibetischen Exilregierung. Morgens um acht kam ich mit dem Bus dort an, und schon am Nachmittag saß ich zusammen mit dreißig Hippies aus aller Welt in einer tibetischen Puja, einer Art liturgischen Feier, und fühlte mich irgendwie angekommen. Seither versuche ich zu verstehen, was da genau geschehen ist.

Von Ende Juli 1977 bis September 1979 studierte und praktizierte ich in Nordindien und Nepal vor allem Tibetischen Buddhismus und gründete nach meiner Rückkehr nach Deutschland mit einigen Gleichgesinnten im Frühjahr 1981 ein buddhistisches Zentrum in Niederbayern. Seit Mitte der 1980er-Jahre unterrichte ich Entspannung und Meditation und auch Buddhismus für die Menschen, die daran Interesse haben. Mein Anliegen ist es, die buddhistischen Lehren und Übungen, die mir halfen und immer noch helfen, mein Leben leichter und konstruktiver zu leben, für Menschen unserer Kultur und unserer Zeit zu übersetzen. Das versuche ich in öffentlichen Vorträgen, Seminaren und Büchern, Essays und Rundfunkbeiträgen und auch mit diesem Buch.

2. Leben mit Herz und Verstand

Zwei Dinge erfüllen mich mit Ehrfurcht:
der gestirnte Himmel über mir und das moralische Gesetz in mir.
IMMANUEL KANT

Der Verstand sucht fassbares Wissen, um die Welt zu gestalten.
Die Vernunft sucht Sinn und erkennt ihre Grenzen.
NACH HANNAH ARENDT

Was du nicht willst, das man dir tu', das füg' auch keinem andern zu.
DIE GOLDENE REGEL

Wir verstehen nur das, was wir selbst gemacht haben:
Dinge und Modelle.
WOLFGANG PAULI, QUANTENPHYSIKER

Ein Leben in Fülle wird möglich,
wenn vier Bewusstseinsdimensionen zusammenwirken,
ohne dass eine dominiert oder dominieren will:
archaische Einheitsahnung, magische Verbundenheit,
mythisch-symbolische Bedeutung und begrifflich-rationales Denken.
FREIE FASSUNG DER THESEN VON JEAN GEBSER

Was ist Achtsamkeit?
Bemerken, was geschieht, und erinnern, was heilt.
BUDDHISTISCH

Die Achsenzeit und ein Leben zum Wohle aller

Die Menschen der Moderne nennen sich gerne *homo sapiens sapiens.* Ich übersetze das frei mit »Menschen, die wissen und bemerken, dass sie etwas wissen«. Aristoteles nannte uns griech. *zoon logon echon,* das sprach- und vernunftbegabte Wesen, in lateinischer

Übersetzung *animal rationale,* das denkende Tier. Doch reichen Denken und Verstand aus, um ein gutes Leben zu führen? Ich glaube nicht. Der Verstand sucht *fassbares* praktisches Wissen und will die Welt gestalten. Das reicht zum Überleben und manchmal auch für ein materiell gutes Leben. Leider reduzieren viele Menschen ihr Leben auf diese Dimension. Für sie gilt nur das als wirklich, was man messen, zählen und berechnen kann. Die Vernunft erkennt nach Immanuel Kant und Hannah Arendt die *Grenzen* des Verstandes und rechnet mit vielen unbekannten Faktoren, die letztlich nicht alle zu erkennen und zu verstehen sind.[2]

Für Karl Jaspers, Jürgen Habermas und viele andere Kulturphilosophen haben die heute noch lebendigen großen Weltreligionen, die klassische Metaphysik und auch die moderne Philosophie ihre gemeinsame Wurzel im 1. Jahrtausend v. Chr., in der sogenannten Achsenzeit. Die neuen religiösen und philosophischen Ansätze entstanden nach Jaspers unabhängig voneinander in unterschiedlichen Kulturräumen: im Nahen Osten und in Griechenland, in Indien und China. Wir kennen sie heute als die monotheistischen Religionen Judentum, Christentum und Islam, als Varianten des Hinduismus und des Buddhismus, als Lehren des Konfuzius und des Laotse und als Philosophie in ihren vielen Spielarten und Varianten.[3] In dieser Umbruchzeit zwischen 800 und 200 v. Chr., zerfielen viele kleine Reiche, und neue Großreiche entstanden.

Ich fasse im Folgenden die für mich zentralen Themen der Achsenzeit in eigenen Worten zusammen.

Sieben Themen der Achsenzeit interpretiert als Schritte zu Bodhicitta. *Inspiriert von Karen Armstrong*[4]

1. Existenzielle Fragen und Zweifel: Das Leben wird problematisch.
2. Individualisierung und selber denken: Einige Menschen lösen sich heraus aus kollektiven Strukturen.
3. Mitgefühl: Das eigene Leiden zu spüren, kann Mitgefühl für alle Wesen wecken und zu einer universellen Ethik motivieren. Vielleicht gibt es eine Ahnung von der essenziellen Verbundenheit aller Wesen jenseits aller Unterschiede.
4. Verinnerlichung der Religion: Menschen suchen das Unfassbare in sich und nicht mehr in einem fassbaren Objekt oder einer Idee im Außen.

5. Wahrheit liegt jenseits von Denken: Es gibt keine absolute oder objektivierbare Wahrheit. Menschen lernen Ansichten als Ansichten zu durchschauen und wissen, dass der Urgrund oder Gott, Buddha-Natur oder die Tiefendimension des Lebens unfassbar ist. Schweigen. Leerheit.
6. Innerer Frieden wird zum höchsten Ziel, nicht mehr eine objektivierbare und begrifflich fassbare Wahrheit.
7. Leben im Schnittpunkt beider Dimensionen: Es gibt eine Ahnung vom Leben im Fassbaren und Unfassbaren, im Bedingten und Nichtbedingten, in Immanenz und Transzendenz.

Ich will mit diesem Buch dazu ermutigen, die eigenen Lebensthemen und Herzensanliegen wahr- und ernst zu nehmen. Je mehr Sie das tun, desto eher finden Sie Menschen, die einige dieser Themen und Anliegen auch bewegen und mit denen Sie sich darüber austauschen können. Und vielleicht probieren Sie mit guter Begleitung Übungen aus, die Ihnen helfen, auch in Umbruchzeiten Ihren Mut nicht zu verlieren, sondern das Beste aus dieser Situation zu machen.

Die von mir in sieben Schwerpunkten zusammengefassten Anliegen und Themen der Achsenzeit sind mir dabei immer wieder eine große Inspiration. Buddhistisch interpretiert, beschreiben sie einen Weg zu einem Leben zum Wohle aller. Das nennt das im 2. Jh. unserer Zeit entstandene buddhistische Mahayana, das Große Fahrzeug (von *maha*, groß, und *yana*, Fahrzeug), den Weg der Bodhisattvas. Das sind Lebewesen, *sattva*, die das Erwachen, *bodhi*, mit Herz und Geist, *citta*, anstreben. Ich beschreibe diesen Weg ausführlich in Kapitel 10. Ich interpretiere die sieben Anliegen der Achsenzeit als sieben Schritte zum erwachten Herz-Geist, Bodhicitta, von *bodhi*, erwacht, und *citta*, Herz-Geist, und erläutere sie mit einigen weiteren Stichworten.

Auch wenn die Mehrheit der Menschen – die Gläubigen und die Autoritäten in Institutionen, Kirchen und traditionellen oder auch neu gegründeten religiösen Gruppen – vermutlich eher Orientierung im Außen sucht und an einem alten und scheinbar objektivierbaren Gottesbild und klaren Regeln festhält, kann die Inspiration großer Menschen seit der Achsenzeit vielen sehr viel geben. Auch aus diesem Grund weise ich in Vorträgen und Büchern gerne auf sie hin.

Wenn diese sieben Themen zu tiefen Einsichten werden, können wir die bedingte oder relative und die tiefe unfassbare Verbundenheit mit allen und allem ahnen und ab und zu vielleicht auch spüren. Wir leben im Bedingten *und* im Unbedingten, und das gibt uns den Mut und die Kraft, mit uns und anderen als unvollkommenen Menschen zu leben. Diese Haltung ist das Prinzip des Bodhicitta, des erwachten Herz-Geistes und die lebenslange Inspiration der Bodhisattvas.

Leben mit Leib und Seele, mit Körper und Geist

> Was kann ich wissen? Was darf ich hoffen?
> Was soll ich tun? Was ist der Mensch?
> IMMANUEL KANT

Seit vielen Jahren inspirieren mich die vier Fragen des Philosophen Immanuel Kant: Was kann ich wissen? Was darf ich hoffen? Was soll ich tun? Was ist der Mensch? Menschen nehmen sich selbst und die anderen und die große bunte Welt zunächst mit den fünf Sinnen und mit dem Verstand wahr, d. h. wir benennen Erfahrungen mit bestimmten Begriffen. Wir schreiben aber dem, was wir sehen, auch Bedeutung und Sinn zu und fühlen uns vielleicht verbunden mit der Natur, mit Menschen und mit der Kultur, in der wir leben. Einige ahnen sogar ab und zu eine Art von Einssein mit allem und allen, in der Stille oder im Gebet, beim Singen oder Tanzen, in einem Park oder im Garten, beim Wandern oder im Beisammensein mit vertrauten Menschen. Und gleichzeitig fühlen sich immer mehr Menschen in der Moderne und Postmoderne einsam und verloren. Sie sehnen sich nach Geborgenheit und Zugehörigkeit und wissen nicht, wo sie dies finden können. Was geschieht da in uns?

Der Philosoph Lambert Wiesing unterscheidet zwischen der Perspektive des Erlebens und des Beobachtens. Für das *Erleben* aus der Perspektive der 1. Person – Ich spüre meinen Körper, ich sehe die Welt – verwendet er die Begriffe »Leib« und »Seele«. Wenn wir uns und andere und die Welt aus der Perspektive der 3. Person beobachten, spricht er von »Körper« und »Geist«.

Mir hilft diese klare Unterscheidung und Zuordnung der Begriffe, den großen und sehr emotionalen Unterschied zwischen beiden Wahrnehmungsperspektiven häufiger zu bemerken: das, was ich selbst in mir erlebe und was ich aus einer gewissen Distanz beobachte. Wir brauchen beide Perspektiven, um Erfahrungen, Urteile und Meinungen hinterfragen und überprüfen zu können. Aber geborgen und zugehörig fühlen wir uns nur, wenn wir uns und andere immer wieder ohne Distanz ganz unmittelbar und fraglos erleben und spüren können.

Vier Dimensionen des Bewusstseins: archaisch und magisch, mythisch und rational

Im Zusammenleben mit Menschen machen wir Erfahrungen, die weit mehr umfassen, als der Verstand aus der Perspektive des Beobachtens jemals begreifen kann. Der Kulturphilosoph Jean Gebser interpretierte in seinem bahnbrechenden Werk *Ursprung und Gegenwart* 1949 die Ängste, Schwächen und Verirrungen der Moderne und vor allem des 20. Jahrhunderts als tragische Folge der ausschließlichen Fixierung auf das rationale Bewusstsein. Wir brauchen es zum Überleben und für die begriffliche Erfassung der Welt, für naturwissenschaftliche Experimente und Konzepte, für Industrialisierung, technische Verfahren und Digitalisierung. Ein rein rationaler und begrifflicher Zugang zur Welt reicht aber nicht für ein Leben in Fülle.

Jean Gebsers Thesen haben mir sehr geholfen, meine Erfahrungen mit buddhistischer Meditation in Indien und Nepal 1977 bis 1979 und danach im Kontext meines bisherigen Lebens zu verstehen. Und vor allem zu erfassen, welche Bedeutung vielfältige und langfristige Beziehungen haben. Aus diesem Grund komme ich in diesem Buch immer wieder darauf zurück, auch wenn ich vermute, dass das möglicherweise einige überfordert. Falls das so ist, überspringen Sie diese eher theoretisch klingenden Abschnitte und schauen Sie sie nach der Lektüre des ganzen Buches einfach immer wieder einmal an. Falls Sie diese Überlegungen ansprechen, finden Sie bei den Literaturempfehlungen viele Hinweise auf Bücher und Autorinnen und Autoren, die mich seit vielen Jahren inspirieren und begleiten. Durch unser Alltagsleben mit unterschiedlichen Menschen und mit einer Beziehung zur Natur, durch soziale Routinen und Sitten, Feste, Musik und Geschichten und vor allem durch eine religiöse bzw. spirituelle Praxis in einer Gemeinde oder spirituellen Gemeinschaft bleiben prä-rationale oder vor-mentale Bewusstseinsstrukturen lebendig. Der Ethnologe Mircea Eliade spricht poetisch von Feiern und Festen, »an heiligen Orten, zu heiligen Zeiten und mit heiligen Liturgien«. Wir brauchen diese Art von Praxis wie die Luft zum Atmen für ein Leben mit Vertrauen: in andere Menschen, in uns selbst und ins Große Ganze, das man nie mit dem Verstand und mit den Methoden und Modellen der einzelnen Naturwissenschaften beweisen oder widerlegen kann.

Jürgen Habermas bezieht sich auf den Theologen Ernst-Wolfgang Böckenförde, wenn er sagt, dass unsere Demokratie und der moderne Verfassungsstaat von Voraussetzungen leben, die sie nicht selbst geschaffen haben. Und damit weist er auf die bis heute nicht ersetzbare gemeinschaftsbildende Kraft religiöser Rituale und Bräuche hin. Und damit auf eine Dimension, die dem nur rationalen Denken verschlossen bleibt. Was diese in säkularen Zeiten ersetzen kann, müssen wir zusammen herausfinden. Auch da gibt es vermutlich viele Wege.

Jean Gebser wurde einer größeren Öffentlichkeit in den 1980er- und 1990er-Jahren vor allem durch die Bücher des Kulturphilosophen und Vordenkers der Transpersonalen Psychologie Ken Wilber bekannt, der seinen Ansatz aus Wertschätzung für die Pionierarbeit Jean Gebsers »integral« nennt. Gebser spricht von drei prärationalen Bewusstseinsstrukturen, die ich hier in meinen Worten interpretiere: Das *archaische* Bewusstsein weiß intuitiv um die *Einheit* mit dem Großen Ganzen. Das *magische* Bewusstsein weiß um die *Verbundenheit* von allem mit allem und mit dem Großen Ganzen. Das *mythische* Bewusstsein lässt sich von *Symbolen* und Bildern berühren, die uns öffnen für die tiefe Bedeutung und für den *Sinn* von Erfahrungen und Erlebnissen, von Menschen und anderen Lebewesen, von Natur und Welt, jenseits von Worten, Zeit und Raum und doch mitten im konkreten Leben. Die vierte Bewusstseinsstruktur ist die *begrifflich-rationale.*

Alle vier Bewusstseinsstrukturen dürfen und sollen in ihrem jeweiligen Bereich wirken: das archaische Einheitsbewusstsein und das Gespür für die magische Verbundenheit mit allem, das mythisch-symbolische Denken, das Sinn und Bedeutung ahnt, und das begrifflich-rationale Denken, das die Erfahrungen mit der Welt ordnen und nutzen kann. Aber nur wenn keine Dimension oder Struktur die anderen dominiert oder abwertet, fühlen wir uns wirklich lebendig. Erst mit allen vier Bewusstseinsdimensionen können wir nach Gebser und Wilber den evolutionären Sprung ins integrale Bewusstsein machen, mit dem wir uns für die Perspektiven und Erfahrungen anderen Menschen, der Natur und der ganzen Welt öffnen, ohne uns selbst dabei zu verlieren.

Ich und die anderen: erleben und beobachten

Eine große Falle für moderne und vereinsamte Menschen ist die scheinbare Klarheit, die die Beobachterperspektive vermittelt. Und nur selten wird uns bewusst, dass es immer konkrete Menschen mit bestimmten Vorlieben und Abneigungen, Ängsten und Befürchtungen, Erwartungen und Ansichten sind, die Beobachtungen interpretieren. Eine kluge Faustregel des Buddhismus besagt: Solange wir die vier Bereiche der Achtsamkeit – unsere körperliche Verfassung, Grundgefühle und reaktiven Emotionen, Grundstimmungen und Gedanken, d. h. Ansichten und Ängste, Erwartungen und Befürchtungen – nicht spüren und bemerken, leben wir auf Autopilot und sind gefangen in tief verwurzelten Gewohnheiten. Kein Wunder, dass die vielen guten Ideen und Konzepte, mit denen wir die Welt retten und zu einem Paradies machen wollen, immer und immer wieder scheitern.

Für mich liegt die Parallele zum dreifachen Gehirn auf der Hand. Ich beziehe mich dabei vor allem auf die Thesen des Hirnforschers Gerhard Roth. Als Gutachter bei Gerichtsprozessen und Vortragsredner kann er diese komplexen Zusammenhänge für mich nachvollziehbar darstellen und auf den Punkt bringen: Neokortex, Limbisches System und Stammhirn. Vereinfacht gesagt können wir mit dem Neokortex, dem jüngsten Teil der Großhirnrinde, Sinneseindrücke zu einem sinnvollen Ganzen zusammenfassen, Folgen von Handeln abschätzen, Komplexität und damit die Grenzen des Verstandes ahnen und sogar freundliche Gefühle für Fremde entwickeln. Allerdings klappt das meist nur im Ruhezustand. Damit diese Fähigkeiten zu einer stabilen Haltung und Einstellung werden, müssen wir sie zunächst wertschätzen, und das kann nur über das Limbische System erfolgen. Und schließlich müssen wir erwünschtes Verhalten so viele Male wiederholen und einüben, bis uns diese Haltungen in Fleisch und Blut übergehen. So werden sie zu guten Gewohnheiten, die das Stammhirn auch dann in Gang setzen, wenn wir müde oder unsicher, ärgerlich oder unkonzentriert sind.

Zum besseren Verständnis und zur Vertiefung stelle ich in Kapitel 11 viele Reflexionen und Übungen vor, mit deren Hilfe Sie die Fünf Säulen des Lebens aus unterschiedlichen Perspektiven erforschen und die im Buch erwähnten eher theoretisch klingenden Ansätze in ihrer praktischen Anwendung entdecken können.

Beziehungen als Weg zur Bewusstwerdung

Wie können wir möglichst schnell lernen zu bemerken, was wir denken, sagen und tun bzw. uns dessen bewusst werden? Das geschieht vor allem in nahen langfristigen Beziehungen. Es ist zwar nicht einfach, aber möglich und es trägt reiche Frucht: So können wir erwachsen werden und zunehmend Verantwortung für unser Denken, Reden und Tun übernehmen.

Wenn wir mit Menschen zusammenleben und -arbeiten und uns immer wieder begegnen, gibt es neben Inspiration und Vertrautheit auch Konflikte, und die geben uns die kostbare Chance, unsere eigene Verfassung in unterschiedlichen Dimensionen zu bemerken, genauer zu verstehen und bei Bedarf zu korrigieren. Das lernen wir nicht über digitale Apps, Zoom-Kontakte und das Internet. Digitale Medien können stabile analoge und unmittelbare Beziehungen zwar manchmal sinnvoll ergänzen, aber nie ersetzen.

Viele Menschen fühlen sich von Globalisierung und virtuellen Welten, von der Einsamkeit in anonymen Städten und wechselnden Arbeitsplätzen usw. überfordert. Dann suchen sie häufig Orientierung und Sicherheit bei Menschen, Parteien oder Ideologien, die scheinbar ganz genau wissen, was ihnen fehlt und was sie brauchen. Leider, aber auch zum Glück, können Ideologien und Masterpläne, die »von oben« vorgeschrieben werden, keine tragende Zuversicht wecken und auch keine Geborgenheit schenken. Denn Zuversicht und Geborgenheit entstehen nur in unmittelbaren Begegnungen, die alle Dimensionen in uns berühren, in den Worten Jean Gebsers: die archaische, magische, mythisch-symbolische und rationale Dimension.

Intellektuelle Konzepte und utopische Ideale, Masterpläne »von oben« und technische Modelle und Strukturen sprechen nur den Verstand an, und dabei verhungert unser Herz. Die Gefühle von Unerfülltheit und emotionaler Trockenheit, von Verlorenheit und Unsicherheit sind ein zentraler Faktor für viele Probleme und Krisen von heute, die konstruktive Veränderungen in Bezug auf unseren Umgang mit Verteilungskonflikten, Energie- und Klimakrise usw. verhindern. Und sie fördern den Konsumwahn vieler Menschen in den wohlhabenden Ländern und die Suche nach Sündenböcken und äußeren Feinden in armen und reichen Ländern. Was können wir tun? Was kann uns helfen?

Aus meiner Sicht können wir nicht mit universellen Visionen und Utopien beginnen. Wir müssen vor Ort, lokal und regional, lernen, miteinander auszukommen, trotz aller Konflikte, die mit unserer konkreten Verschiedenheit zu tun haben. Erst wenn relevante Gruppen von Menschen in vielen Regionen der Welt das lernen und schätzen, können wir Krisen und Konflikte konstruktiv lösen, denn es wird immer unterschiedliche Interessen und Perspektiven geben. In der Sprache des Mahayana brauchen wir Bodhisattvas in allen Regionen, die Menschen zu einem großzügigen und mitfühlenden, klugen und realistischen Handeln inspirieren. Nicht mit Masterplänen und schlauen Sprüchen, sondern durch ihr persönliches Vorbild. Das müssen nicht viele Menschen sein.

Aus Sicht der Soziologie reicht es, wenn etwa fünf Prozent einer Region sich für bestimmte Anliegen und Perspektiven interessieren und einsetzen, damit eine wirkungsvolle Bewegung daraus werden kann. Und nur im gemeinsamen Reden und Handeln mit anderen Menschen werden wir konfliktfähig und lernen, uns in die Perspektiven von Menschen mit anderen Erfahrungen und Meinungen und politischen Ansichten hineinzuversetzen. Das ist in Deutschland der Hintergrund für die Fünf-Prozent-Quote bei Wahlen. Als Ende der 1970er-Jahre sich etwa fünf Prozent der wahlberechtigten Deutschen für Umweltschutz interessierten und engagierten, wurde die Partei der GRÜNEN gegründet.

Ich werde es immer und immer wieder betonen: Menschen brauchen Beziehungen zu realen Menschen in der analogen Welt. Virtuelle Kontakte über Zoom und Internet können bestehende analoge Beziehungen ergänzen, aber niemals ersetzen. Wenn wir regelmäßig mit anderen Menschen etwas unternehmen, mit ihnen zusammenleben und arbeiten, spazieren gehen und diskutieren, uns für die Gemeinde oder ein lokales Umweltprojekt einsetzen, ein Ehrenamt in der Nachbarschaft übernehmen usw., dann teilen wir Werte und Einstellungen, wir fühlen uns verbunden und zugehörig, auch wenn es Konflikte gibt, und all das stärkt und nährt das Vertrauen in andere, in uns selbst und ins Große Ganze.

3. Demokratie und Werte

Leben ist tragisch und erhaben.
Alles, was kommt, muss auch wieder geh'n.
Leben geschieht, niemand hat es im Griff.
Nur das Ende des Haderns bringt Frieden.
DIE VIER SIEGEL. LIED ZUR ESSENZ DES BUDDHISMUS

Mögen die Wesen nur Glück erleben,
frei sein von Leid, voller Freud,
in Gleichmut ruh'n.
DIE VIER UNERMESSLICHEN HALTUNGEN. BUDDHISTISCH

Demokratie, humanistische Werte und das Große Ganze

Ein integraler und wertschätzender Blick auf uns und andere und auf unterschiedliche Perspektiven ist genau genommen *die* zentrale Voraussetzung für ein demokratisches Zusammenleben unterschiedlicher Menschen. Demokratie ist ein sehr anspruchsvolles und komplexes Verfahren, und dafür braucht es mehr als nur den Verstand, das rationale oder mentale Bewusstsein. Es braucht auch Vernunft, im Sinne der Einsicht in die Grenzen des Verstandes. Ich verwende die beiden Begriffe Verstand und Vernunft hier im Sinne von Hannah Arendt, im Wissen, dass es zu unterschiedlichen Zeiten viele unterschiedliche Definitionen dieser beiden Vermögen gibt.

Wir brauchen darüber hinaus auch das *mythische* Bewusstsein als Zugang zu Symbolen, Bildern und Erzählungen, in denen wir uns als Gesellschaft deuten, darstellen und spiegeln. Das können Landschaften und Weihnachtsbräuche, klassische Musik und Lieder, Gedichte und Geschichten, Bauten und Architektur sein. Wir brauchen das *magische* Bewusstsein, das unser Vertrauen in die Verbundenheit mit allen und allem weckt und nährt. Für viele Menschen geschieht das durch eine tiefe Beziehung zur Natur. Und schließlich brauchen wir einen auch emotional spürbaren Zugang zum *archaischen* Einheitsbewusstsein, zu der tiefen Gewissheit, dass wir und alle und alles zum Großen Ganzen gehören, aus dem niemand herausfallen kann.

Ich verwende gerne den relativ neutralen Begriff »das Große Ganze« für diese unfassbare Dimension. Menschen haben im Laufe der Zeiten und in unterschiedlichen Kulturen unterschiedliche Namen dafür gefunden, im Wissen darum, dass sie davon nur stammeln können. Sie nennen es Kosmos, Gott und Buddha-Natur, Brahman, Tao oder Großer Geist usw. Ich finde diese Vielfalt an Namen inspirierend, auch wenn manche Theologen oder Philosophinnen diese freie Interpretation unsauber und ungenau finden.

Eine alte Anekdote sieht das so: Wenn Theologen oder Fachleute unterschiedlicher Traditionen über das Unfassbare sprechen, führen sie hitzige Debatten und streiten sich heftig. Wenn sich Yoginis und Mystiker begegnen, lächeln sie weise und schweigen und freuen sich vielleicht über die vielen unterschiedlichen Bilder und Symbole, die auf diese Dimension hindeuten. Und genau das kann den eigenen Zugang vertiefen.

Alle modernen Ideen wie Menschheit und Menschenrechte, Würde und Humanismus, Gleichheit und Freiheit und die Rede von der Einen Welt zehren von diesen prärationalen Bewusstseinsstrukturen, die in Europa vor allem durch das Christentum überleben konnten. Diese prärationalen Strukturen bleiben lebendig und werden genährt durch religiöse oder spirituelle Praxis, allein und mit anderen zusammen *und* durch ganz alltägliche stabile und langfristige Beziehungen, mit denen wir unsere Berührbarkeit durch Natur und Kultur, Kunst und Musik entdecken, nähren und leben. Und zusammen mit den Idealen der Aufklärung können sie den Sprung ins Transrationale oder in die integrale Bewusstseinsstruktur vorbereiten.

Der Kulturphilosoph Mircea Eliade spricht von dem kostbaren Erbe unserer Ahnen, die heilige Orte und Zeiten oder Feste und heilige Liturgien fanden, mit denen wir auch heute noch ohne Mühe und Argumente immer wieder für Momente jenseits des linearen Denkens, jenseits von Raum, Zeit und Worte gelangen können.

Solche Erfahrungen sind auch in der Begegnung mit Natur und

Kunst, Musik und Poesie möglich, allerdings vor allem dann, wenn wir sie mit anderen Menschen mehr oder weniger regelmäßig teilen. All diese Erfahrungen nähren das Vertrauen ins Große Ganze, das uns alle trägt. Auch wenn wir nie rational und aus einer Beobachterperspektive genau verstehen werden, was das ist und wie das geschieht.

Diese Dimensionen gingen und gehen in der Moderne und Postmoderne dann verloren, wenn wir nur noch auf den Verstand setzen und nur wenige oder gar keine Beziehungen mit Kontinuität zu unterschiedlichen Menschen leben. Einen nur rationalen Zugang zu sich und der Welt nennt Jean Gebser »defizient-rational«, und das hat viele Risiken und Nebenwirkungen. Warum? Einem ausschließlich rationalen Bewusstsein fehlen die Wurzeln des Lebens. Individuelle, soziale und politische Freiheit kann aber nur gedeihen, wenn wir uns verbunden und getragen fühlen von und mit Menschen und der Natur und mit dem Großen Ganzen, das niemand jemals völlig fassen kann. Alle Hinweise darauf sind lediglich Finger, die auf den Mond zeigen, wie es im japanischen Zen-Buddhismus sehr anschaulich heißt.

Auch aus diesem Grund betone ich die Kostbarkeit und den unendlichen Wert langfristiger und stabiler Beziehungen mit unterschiedlichen Menschen immer und immer wieder und empfehle allen, die dafür offen sind, eine spirituelle oder religiöse Praxis mit anderen zu teilen.

Wir brauchen Momente und Phasen des Alleinseins. Aber wir sind vor allem soziale Wesen und können nur selbstständige und verantwortliche Individuen werden, wenn wir eingebettet sind in ein stabiles Beziehungsnetz mit Kontinuität und uns getragen fühlen vom Großen Ganzen, wie auch immer wir das interpretieren und leben wollen und können. Zwar sind auf dem analogen und digitalen Marktplatz der Möglichkeiten in Moderne und Postmoderne sehr viele spirituelle Angebote zu finden, aber genau das kann uns auch sehr überfordern.

Zur Orientierung in einer pluralistischen und vielfältigen Welt brauchen wir Menschen. Wir brauchen Vorbilder, die uns ermutigen, wenn wir mutlos sind, und die uns ernüchtern, wenn wir abheben. Das ist die kürzeste Beschreibung der Funktion von Lehrerinnen und Lehrern, die ich aus der buddhistischen Tradition kenne und die mich seit vielen Jahren sehr inspiriert.

Vertrauen in andere, in uns selbst und ins Große Ganze

Bevor ich die Säulen des Lebens im Einzelnen in ihren vielfältigen modernen Formen für unsere Zeit beschreibe, möchte ich den komplexen Begriff des Vertrauens umkreisen. Als soziale Wesen sind wir angewiesen auf andere Menschen. Menschenkinder werden zu früh geboren, um alleine zu überleben. Sie brauchen die Hege und Pflege von Erwachsenen, damit sie Menschen werden können.

Der Tibetische Buddhismus interpretiert die Zuflucht zu Buddha, Dharma und Sangha – zum Ziel, zum Weg und zu den Mentoren, die uns lehren, leiten und begleiten – als drei Arten des *Lernens,* die drei Arten des *Vertrauens* nähren. Die drei Arten des Lernens sind: Hören und Lesen, Überprüfen und Ausprobieren, Integrieren durch Meditation. Sie wecken drei Arten des Vertrauens: in andere, in uns selbst und ins Große Ganze. Im Buddhismus beziehen sich die Hinweise vor allem auf den spirituellen Weg. Wir können sie aber sinngemäß auf unser ganzes Leben, auf unseren Alltag in allen seinen Bereichen anwenden.

Hier möchte ich kurz auf den vieldeutigen Begriff Sangha eingehen. Traditionell nimmt man im Buddhismus nur Zuflucht zur vertikalen Sangha der Ordinierten und der spirituellen Lehrerinnen und Mentoren. In westlichen Ländern wird der Begriff Sangha seit mehreren Jahrzehnten vor allem für die lokale Meditationsgruppe verwendet, was auf internationalen Konferenzen immer wieder zu Irritationen führt. Und zu Enttäuschungen, weil man viel zu viel von den lokalen Mitübenden erwartet, die aber Schwächen und Fehler wie alle Menschen auf dem Weg haben. Auch die Lehrenden sind nicht perfekt, aber wir schätzen sie, weil sie uns immer wieder ermutigen und lehren, anleiten und begleiten. Ich spreche inzwischen von der vertikalen Sangha der Zuflucht und der horizontalen Sangha derer, mit denen wir zusammen üben und mit denen wir uns austauschen.

Als Kinder und Jugendliche, aber auch als Erwachsene lernen wir vieles von anderen Menschen. Ohne ein Minimum von Vertrauen, dass die anderen kompetent und vertrauenswürdig sind, könnten und können wir nichts lernen. Die Entwicklungspsychologie spricht von *Urvertrauen,* das durch Beziehungen zu verlässlichen Personen entsteht, die uns als kleine Kinder versorgen und beschützen, anerkennen und fördern. Inzwischen gehen viele psychologische Schulen davon aus, dass auch ein *verletztes* Urvertrauen geheilt oder zumindest gefördert werden kann, denn sonst wäre Psychotherapie für viele Menschen nutzlos. Jeder Moment, in dem wir von anderen etwas lernen, das wir hilfreich finden, nährt unser Vertrauen in *andere.*

Wenn kleine Kinder anderen vertrauen, ahmen sie sie nach, und das ist für kleine Kinder in Ordnung. Wachsen wir heran, müssen wir begreifen, dass wir nie naiv vertrauen dürfen, sondern das Vertrauen anhand eigener Erfahrungen und Einsichten überprüfen müssen. Hilfreich finde ich in diesem Kontext die Hinweise des Soziologen Niklas Luhmann. Er unterscheidet drei Arten des Einflusses, den Menschen auf andere haben. Er nennt sie: Autorität, Einfluss und Macht, und er bezieht sie auf die drei Zeiten Vergangenheit, Gegenwart und Zukunft. Haben wir mit Menschen in der *Vergangenheit* gute Erfahrungen gemacht, können sie vielleicht zu einer positiven *Autorität* für uns werden. Dazu gehören Lehrerinnen und Mentoren, Ausbilderinnen und Psychotherapeuten, Ärztinnen und Supervisoren usw.

Wenn uns Anregungen, Empfehlungen im Hier und Heute einer konkreten Begegnung inspirieren, nennt Luhmann das *Einfluss. Macht* entsteht für ihn, wenn uns Menschen mit der Drohung von Sanktionen zu einem bestimmten Verhalten jetzt und in der Zukunft zwingen. Macht ist ein schillernder Begriff. Im Unterschied zu Luhmann interpretiert Hannah Arendt Macht positiv, als den großen Einfluss, den eine Gruppe situativ hat, wenn sie konstruktiv zusammenarbeitet. Wir müssen also auch genau hinhören und -schauen, wie wir Begriffe verwenden und wie sie unser Gegenüber versteht. Auch das gehört zu einer erwachsenen Haltung.

Hören und Lesen

Der Buddhismus bezieht das Entstehen von Vertrauen ebenfalls auf konkrete Begegnungen mit *anderen* Menschen, auf das Überprüfen anhand *eigener* Erfahrungen und Einsichten und dann zusätzlich auch auf die Vertiefung von Einsichten durch *Meditation.* Die Kurzfassung lautet: Hören und Lesen inspirierender Lehren weckt Vertrauen in *andere.* Wenn wir das ausprobieren und überprüfen und als hilfreich erleben, nähren und stärken wir unser *Selbstvertrauen.* Wiederholtes Meditieren darüber weckt tiefe Einsicht und nährt mit der Zeit das Vertrauen in die *Tiefendimension* jenseits von Worten und Begriffen. Wenn wir erfahrene und vertrauenswürdige Menschen erleben und ihnen zuhören oder ihre Bücher lesen, und die Aussagen uns einleuchten, vertrauen wir ihnen bei der nächsten Begegnung, beim Hören eines Vortrags oder Lesen eines ihrer Bücher vermutlich auch oder sogar noch mehr. In meinem Leben gibt es einige Autorinnen und Verfasser tiefsinniger und kluger Bücher, von Gedichten und Erzählungen, die ich als meine geistige Familie betrachte. In meinen eigenen Büchern weise ich gerne auf diese mich inspirierenden Menschen hin.

Sehr hilfreich finde ich die Betonung des *Hörens.* Für primär mündliche Traditionen wie den Buddhismus im alten Asien war das verständlich und selbstverständlich. In unserer Zeit sprachen und sprechen meine tibetischen Lehrer und westlichen Mentorinnen von Hören *und* Lesen, denn seit der Einführung einer Schriftsprache im 8. Jahrhundert und der Erfindung des Holzblockdrucks im 9. Jahrhundert schätzen und verehren die Tibeter Bücher sehr.

Seit über vierzig Jahren werde ich von Mentorinnen und Lehrern des Buddhismus aus unterschiedlichen Schulen begleitet. Dadurch und durch meine eigene Begleitung von Menschen auf dem buddhistischen Weg wird mir immer klarer, wie unverzichtbar die persönliche Begegnung ist. Nichts kann das Gespräch in Raum und Zeit ersetzen. Ich schätze Filme und Zoom-Vorträge, Mitschnitte von Vorträgen und Meditationen oder Podcasts sehr. Sie können die persönliche Begegnung ergänzen, und das war in Zeiten der Corona-Pandemie ab 2020 sehr hilfreich und ist es auch weiterhin. Aber eine rein virtuelle Begleitung über das Internet halte ich weder für ausreichend noch für empfehlenswert. Es geht um direkte persönliche und langfristige Beziehungen. Durch sie kann ein Vertrauen entstehen, das weit über Worte und Informationen hinausreicht.

Schon in der ersten Klasse habe ich sehr schnell und gut Druckschrift lesen gelernt, und seither bin ich eine »Leseratte«. Ich bin sehr dankbar für die Erfindung des Buchdrucks. Viele Bücher – von Arendt und Jaspers, Gebser, Habermas und Armstrong, Guardini und Pieper, Rilke und Hesse und vielen anderen – begleiten mich seit Jahrzehnten. Es berührt mich tief, wenn ich beim Wiederlesen dieser Bücher – und manche lese ich viele Male – immer wieder völlig neue Aspekte entdecke. Sie geben mir oft neue Antworten auf aktuelle Fragen.

Wenn ich ein Buch in die Hand nehme und das Papier und den Einband spüre, ist das Teil meiner Begegnung mit den Menschen, die es geschrieben haben. Ich notiere mir meist im Buch, wann ich es gekauft und gelesen habe, und fasse in drei, vier Begriffen zusammen, was mich besonders inspiriert hat. Beim Wiederlesen tauchen sehr sinnliche Erinnerungen auf, an Orte und Lebensphasen, und ich spüre eine tiefe Verbindung nicht nur mit den Inhalten, sondern auch mit diesen Orten und Zeiten.

Wie ein Gespräch mit einer Person in Zeit und Raum wirkt für mich die Lektüre eines Buches unendlich viel tiefer als ein Beitrag im Internet oder im E-Book einer Freundin oder eines Nachbarn. Bücher und Alltagsgegenstände, Landschaften und Orte, Sprache und Stimmen wecken und nähren ein Gefühl der Verbundenheit mit den dazugehörenden Menschen, die mich auch in schwierigen Zeiten trägt.

Ausprobieren und Prüfen

Die tibetischen Traditionen empfehlen nach dem Hören und Lesen das, was uns inspiriert und berührt, anhand der eigenen Lebenserfahrung zu *überprüfen*. Wir sollen konkret im Alltag *ausprobieren*, was uns hilft, schwierige Erfahrungen zu verarbeiten und mehr Raum für Freude und Dankbarkeit zu suchen und zu schaffen. Gezielt nachdenken über diese Erfahrungen können wir mit Stift und Papier auch auf dem Sofa oder am Schreibtisch oder in sogenannten Analytischen Meditationen auf einem Stuhl oder auf dem Meditationskissen. In Analytischen Meditationen schauen wir unser eigenes Leben im Spiegel bestimmter Aussagen der buddhistischen Lehren an und lernen so zu unterscheiden, was heilsam für uns und andere ist, und wodurch wir uns und anderen schaden.

Diese Art der Meditation war für mich – neben der im engeren Sinne religiösen Praxis mit liturgischen Gesängen, Mantras und meditativen Bildern – das zweite Tor in die Tiefendimension des Lebens. Alle meine Bücher enthalten diese Art der geführten Meditation. Ein Freund, dem ich nach meiner Rückkehr aus Indien davon erzählte, nannte es 1980 einmal »meditative Selbsttherapie«. Wir erforschen unsere Erfahrungen anhand von Lehren, die uns inspirieren. So lernen wir, schwierige Erfahrungen zu verarbeiten, immer mehr auch auf die positiven Aspekte des Lebens zu achten und gute Erfahrungen für uns und andere zu fördern.

Wie man dieses Ausprobieren und Prüfen anhand der Fünf Säulen des Lebens konkret machen kann, erläutere ich in Kapitel 10 und 11 am Beispiel unterschiedlicher Ansätze und Reflexionen.

Meditation: Wiederholen, Einsicht, Stabilisieren

Unter Meditation bzw. meditieren, lat. *meditari*, versteht die christlich-europäische Tradition das stille Nachdenken über einen Satz oder ein Thema der Heiligen Schrift bzw. der Überlieferung. Wir bewegen einen Inhalt, der uns berührt, für eine Weile im Herzen. Der Begriff Kontemplation bzw. kontemplieren, lat. *contemplari*, bedeutet, ohne ein bestimmtes Thema in Stille zu sitzen. Beide Arten der Übung gibt es auch im Buddhismus, und die tibetische Tradition nennt das, wie schon gesagt, Analytische Meditation und Formlose Meditation oder Meditation ohne Stütze. Leider haben viele buddhistische Lehrerinnen, die das nicht wussten, und auch viele Übersetzer buddhistischer Texte und Übungen in der zweiten Hälfte des 20. Jh. diese Begriffe genau umgekehrt verwendet, und das hat viele Menschen verwirrt, die christliche Exerzitien kannten.

Heute gilt *Meditation* als Überbegriff für viele unterschiedliche Übungen. Dazu gehören z. B. die innere Ausrichtung auf ein Wort oder Bild, das ruhige Spüren des natürlichen Atemrhythmus mit oder ohne Leitwort, die Rezitation von kurzen Gebeten oder Mantras im altindischen Sanskrit und das stille Nachdenken über Worte, die das Herz berühren. Vor allem das stille Sitzen ohne Stütze durch bestimmte Methoden, im christlichen Kontext Kontemplation, wird im Allgemeinen Meditation genannt.

Ich beschreibe jetzt den Prozess der Analytischen Meditation am Beispiel einer bekannten Übung, dem »Nachdenken über Sterblichkeit und Tod« aus dem Stufenweg zum Erwachen, tib. *lamrim*.

Tod ist *sicher*. Sein Zeitpunkt ist *ungewiss*.
Nichts hilft beim Sterben, außer Vertrauen und Einsicht.

Die tibetischen Traditionen beschreiben drei Schritte dieser Art von Meditation, die tiefes Vertrauen ins Große Ganze wecken kann: Wiederholen, Einsicht, Stabilisieren.

Wiederholen: Zuerst denken wir an eine Aussage, die wir gut kennen und für hilfreich halten, z. B. in Bezug auf Tod und Sterblichkeit. Wir formulieren eine kurze Aussage, z. B. »Tod ist sicher«, *wiederholen* sie ein paar Mal im eigenen Rhythmus, im Wechsel von innerem Sprechen und stillem Sitzen, für drei bis fünf Minuten.

Tiefe Einsicht und *Sammlung:* Wenn wir das ein paar Wochen lang regelmäßig tun, weil uns der Satz einleuchtet, kann es geschehen, dass wir plötzlich mit dem Herzen wissen: Das stimmt. Der Buddhismus nennt das tiefe Einsicht oder Klarblick, Pali *vipassana.* Wir nennen das ein Aha-Erlebnis. Das genießen wir für eine Weile und *stabilisieren* die spontane Einsicht immer wieder durch Sammlung. Es reicht, wenn uns das für kurze Zeit, und seien es nur ein, zwei Minuten, gelingt, Mit anderen Worten: Wir lassen den Satz in unser Herz sinken, immer und immer wieder.

Mit der Zeit kann es sein, dass wir das mit allen Sinnen und jenseits von Denken und Überlegen verstehen. Leider kann man diese tiefe Einsicht nicht erzwingen, aber in meinen über vierzig Jahren Beschäftigung mit buddhistischer Meditation habe ich diesen Prozess bei vielen Themen, die mein Herz berührten, erlebt. Da ich Gedichte mag und gerne Verse schmiede und singe, habe ich viele für mich wichtige Themen als einfache Verse und z. T. als Liedtexte formuliert, die wir in meinen Kursen singen. Zwei davon habe ich als Motto dem Teil Eins dieses Buches und auch diesem Kapitel vorangestellt.

Wenn uns bestimmte Verse ansprechen und berühren, können wir sie auswendig lernen und eine Weile im Herzen bewegen. Und dann ein paar Minuten lang den natürlichen Atemrhythmus spüren, mit »Ja – Danke« im Rhythmus des Atems oder ohne Worte. Da viele Menschen heutzutage dazu neigen, vor allem auf das zu achten, was schwierig ist oder im Leben fehlt, empfehle ich die Atem-Meditation mit »Ja – Danke« als regelmäßige stille Übung und für ein paar Monate einmal in der Woche die Übung »Sternstunden« (siehe S. 135). Probieren Sie aus, was hilft und inspiriert. In Kapitel 10 »Viele Wege der Übung: vier Ansätze« gehe ich ausführlich auf das regelmäßige Üben allein und mit anderen ein.

Teil Zwei

Säulen des Lebens im Wandel der Zeiten

4. Familie und nahe Beziehungen

Familie und Wahlfamilie

Für viele Menschen in Europa, in Stadt und Land, im Mittelmeerraum und in Osteuropa, vor allem aber in Lateinamerika, Afrika und Asien, war und ist die Familie immer noch ein zentraler Halt im Leben. Jahrhundertelang war das eine weitverzweigte und bunte Großfamilie. Sie ist wohl immer schon ambivalent erlebt worden, denn Großfamilien können sowohl stützen als auch einengen. Ich selbst fühlte mich in meiner Kindheit und Jugend sehr wohl in meiner badischen Großfamilie, die über vier Generationen, bis zu meinen Urgroßeltern, katholisch-evangelisch gemischt war. Aber nach dem Abitur 1968 wollte ich doch lieber nicht im nah gelegenen Freiburg studieren, sondern entschied mich für das viel weiter entfernte Heidelberg und im Frühjahr 1972 für das damalige Westberlin.

Ein Großteil der Menschen meiner Generation lebte bis zum Ende der Schulzeit und Lehre bzw. bis zum Abitur im Geburtsort. Ausnahmen waren die Kinder von Beamten, die häufig umziehen mussten. Ich verließ meinen Heimatort nach dem Abitur gerne, aber ich fühle mich bis heute mit meiner badischen Heimat, mit Landschaft und Sprache, Menschen und Lebensart sehr verbunden. Einige meiner Schulkameraden wohnen noch heute dort oder in der Nähe, und ich selbst auch wieder seit Juni 2023.

Als langjährige Klassensprecherin initiierte und besuchte ich mit einer Ausnahme alle fünf Jahre die Klassentreffen unseres Abiturjahrgangs 1968. So blieben einige Kontakte lebendig. Meine drei Brüder wohnen mit ihren Familien in der Region und einer sogar im Ort selbst. Und meine Schwester, die seit über vierzig Jahren in München wohnt, kommt gerne »nach Hause« und liebäugelt seit Jahren mit einer kleinen Ferienwohnung dort.

Es gibt immer noch einige Freundschaften mit Menschen aus meiner Studienzeit in Heidelberg und Berlin, und auch zwei meiner Ex-Beziehungen gehören zu meiner erweiterten Familie, die ich gerne zu runden Geburtstagen einlade. Da ich in den letzten vierzig Jahren beruflich viel unterwegs war, vor allem im deutschsprachigen Raum, konnte ich auch Beziehungen aus und in der Ferne pflegen. Ich schätze Kontinuität, und all diese Beziehungen trugen und tragen mich in guten und schwierigen Lebensphasen.

In der Pandemie-Zeit nutzten wir den erzwungenen Rückzug und begannen viel regelmäßiger als früher zu telefonieren. Das konnte die fehlenden Besuche etwas ausgleichen. Dass einige inzwischen auch schon im Rentenalter sind, schenkte uns viel Raum und Zeit zumindest für virtuelle Begegnungen. Nach dem Ende der Pandemie-Beschränkungen schätzen wir die Möglichkeit, uns wieder besuchen zu können, noch mehr als vorher.

Konflikte, Widersprüche und acht weltliche Anliegen

Beziehungen sind Geschenk und Herausforderung zugleich. Schon als kleines Mädchen hörte und sah ich, wie meine Leute nicht nur miteinander arbeiteten und feierten, sondern manchmal auch stritten. Meine Mutter übernahm nach dem Tod meines geliebten Großvaters 1954, damals war ich gerade fünf Jahre alt, den für einige Jahre aus Gesundheitsgründen verpachteten Gasthof von ihrer Mutter. Meine Großmutter war damals zwar erst Ende fünfzig, aber nicht gesund, und sie wohnte in einer eigenen Wohnung in der zweiten Etage. Sie wollte meiner Mutter immer mal wieder nachdrücklich klarmachen, wie man eine Gaststätte richtig führt. Das tat sie noch häufiger, auch als meine Mutter 1960 meinen Stiefvater heiratete, der ein ausgezeichneter und sehr kreativer Koch war. Sehr im Gedächtnis geblieben ist mir ein heftiger Streit. Da sagte meine Mutter sehr ruhig, aber laut und deutlich, zu meiner Oma, die an der Küchentür stand: »Das ist *mein* Mann und *mein* Lokal. Du gehst jetzt in deine Wohnung und mischst dich nie wieder in unser Geschäft ein!« Und so geschah es. Nach diesem Streit lebte sie noch elf Jahre mit uns im Haus. Wir brachten ihr, als sie nicht mehr selbst kochen konnte, jeden Tag das Mittagessen hoch, und wir Kinder spielten ab und zu bei ihr im Wohnzimmer. Und sie kümmerte sich noch drei Jahre voller Liebe um meinen jüngsten Bruder, der 1968 geboren wurde, bevor sie 1971 starb. Sie war eine sehr starke Persönlichkeit, die bis zu ihrem Tod mit 75 Jahren mit den »alten Herren« am Stammtisch Karten spielte. Wir liebten sie, und dass es ab und zu Konflikte gab, gehörte zum Leben dazu.

Leben ist kein Wellness-Urlaub, und Beziehungen sind kein ständiger Honeymoon. Wer mit anderen Menschen zusammenlebt und -arbeitet, Freundschaften pflegt und Ausflüge und Reisen unternimmt, muss mit unterschiedlichen Meinungen und Temperamenten auskommen lernen. Ich halte langfristige Beziehungen für eine wunderbare Schule eines gelingenden Lebens. Gute Beziehungen halten lebendig, sie erden uns und fördern den Realitätssinn. In der Familie und im Freundeskreis, im Team auf der Arbeit, im Sportverein und im Ehrenamt lernen wir vieles: mit Unterschieden und Hierarchien umgehen, ohne uns zu verbiegen, den Austausch auf Augenhöhe und einander trotz Konflikten zu schätzen und zu vertrauen.

Immer wieder müssen wir mehr oder weniger mühsam lernen, dass auch sehr sympathische Menschen andere Lebenserfahrungen, Ansichten, Temperamente und Gesprächs- und Arbeitsstile haben. Miteinander auszukommen trotz aller Unterschiede, ist ein zentrales Element von Erwachsenwerden und die Essenz der Demokratie. Ich halte langfristige und tragende Beziehungen nicht nur für eine schöne Sache oder einen privaten Luxus, sondern für absolut notwendig für eine lebendige und einigermaßen funktionierende Demokratie.

Geborgen und frei

In Kapitel 3 über Demokratie und Werte habe ich drei Dimensionen des Vertrauens beschrieben: in andere, in uns selbst und ins Große Ganze. Der Weg zu allen drei Arten von Vertrauen sind langfristige Beziehungen. Das scheint dem Prinzip der individuellen Freiheit zu widersprechen, das die Moderne und vor allem die Postmoderne sehr hochhält und oft überschätzt. Wir wollen frei sein und uns selbst verwirklichen. Niemand soll uns Vorschriften machen dürfen. Wir wollen selbst herausfinden, was uns am Herzen liegt, und das dann auch leben.

Die starke Betonung von Freiheit ist sicher immer auch eine Reaktion auf zu viel Anpassung und Konformität und auf Erfahrungen von Unterdrückung und Abhängigkeit. Aber Freiheit allein macht nicht glücklich. Denn Menschen sind vor allem Beziehungswesen. Wir können nur selbstständige Erwachsene werden, die Verantwortung für sich und andere übernehmen wollen und können, wenn wir uns auch zugehörig und geborgen fühlen. Zugehörig zu Menschen und Werten, zu einem Zuhause an einem Ort und in einer Region. Wir wollen gesehen und anerkannt, wertgeschätzt und akzeptiert werden.

Die buddhistische Tradition nennt acht »weltliche Anliegen«, die fast allen Menschen wichtig sind: Vier Dinge wollen wir erleben und haben, und vier Erfahrungen wollen wir nicht machen. Zusammen ergibt das acht Anliegen. Wir streben nach Status und Besitz, nach Zuwendung bzw. Anerkennung und nach angenehmen Gefühlen, und wir tun alles, um diese vier »Dinge« nicht wieder zu verlieren oder ihr Gegenteil zu erleben: Abwertung und Verlust, Zurückweisung bzw. Kritik und unangenehme Gefühle. Besitz, auch von Wissen und Kenntnissen, und Status verschaffen uns Anerkennung, und Zuwendung und angenehme Gefühle tun gut. Aber ihre Wirkung ist leider nicht von Dauer. Alles, was wir häufig erleben, halten wir schnell für selbstverständlich und dann schätzen wir unsere guten Bedingungen nicht mehr und langweilen uns.

Auch die Erfahrung der vier Anliegen, die wir schätzen und die zeitweilige Verschonung vor ihrem Verlust machen uns nicht auf Dauer glücklich. Denn wir bleiben angewiesen auf das Erlangen des einen und das Verschontwerden des anderen. Wir müssen kurz- und langfristige Bedürfnisse stillen oder erfüllen können und uns vor ihrem Verlust schützen, aber zu einem gelingenden Leben gehören mehr als Konsum und messbarer Erfolg. Wir brauchen auch geteilte Werte und so viel Selbsterkenntnis – eine Bewusstheit über Erwartungen und Ansprüche, Ängste und Befürchtungen usw. –, dass wir unseren eigenen Beitrag zu Leiden und Schmerz erkennen und verringern können. Und wir brauchen das Gefühl der Zugehörigkeit zum Großen Ganzen. Und wie entdecken wir das?

Feste feiern und tiefes Vertrauen

Um uns sicher und geborgen zu fühlen, brauchen wir immer wieder Orte und Umstände, Menschen und Zusammenhänge, wo wir nichts leisten müssen. Wo man uns nimmt, wie wir sind. Unvollkommen und fehlbar, mit allen Stärken und Schwächen. Wo wir auch mal leichtsinnig oder pingelig, kurz angebunden oder geschwätzig sein dürfen. Diesen offenen Raum schenken uns nur langfristige Beziehungen. Zwar können auch kurze und unverbindliche Kontakte, beim Spazierengehen oder im Supermarkt, in einem Café oder im Speisewagen des ICE, bei einem Volksfest oder auf dem Weihnachtsmarkt sehr wohltuend und manchmal auch inspirierend sein, aber langfristige Beziehungen wirken tiefer.

Sie nähren in der Sprache Jean Gebsers die drei prärationalen Bewusstseinsstrukturen: das mythisch-symbolische Denken, die magische Verbundenheit und das archaische Einheitserleben. Ich möchte das am Beispiel von regelmäßigen Festen und Feiern erläutern. Seit meiner Kindheit feiere ich meinen Geburtstag mit nahen Menschen. Als Kind mit der Familie und Nachbarskindern, als junge Erwachsene vor allem mit meiner Clique und mit Schulfreundinnen. Und in der Studienzeit machten wir gern an solchen Tagen zusammen einen Ausflug oder eine Wanderung und gingen abends schön essen.

In den letzten dreißig Jahren auf dem Land südlich von Berlin haben wir fast jeden Sommer ein kleines Gartenfest ausgerichtet. Und seit wir fünfzig sind, gibt es alle fünf Jahre ein großes Fest für unseren großen und vielfältigen Freundeskreis, denn meine Partnerin und ich sind im gleichen Jahr mit nur drei Tagen Abstand geboren. Manche langjährigen Freundinnen fühlen sich da wie auf einem Klassentreffen. Meinen siebzigsten Geburtstag habe ich sogar dreimal gefeiert: gemeinsam mit meiner Partnerin und unseren Freundinnen und Freunden in Berlin. Mit Kolleginnen und Schülerinnen in Berlin und mit meiner Familie im Schwarzwald. Auf diesen immer wiederkehrenden Festen erleben viele von uns ein Gefühl von Zusammengehörigkeit und Vertrautheit jenseits aller fassbaren Erinnerungen. Da meine Mutter 25 Jahre älter war, haben wir seit meinem Fünfzigsten um ihren Geburtstag im November herum auch meinen jeweiligen runden Geburtstag nachgefeiert und uns die Kosten geteilt. Denn auf meinen Wunsch wurden auch alle noch lebenden Tanten und Onkel und alle Cousinen und Cousins mit ihren Kindern eingeladen. Das hat unser Gefühl der Verbundenheit sehr genährt und das ist sicher auch ein Grund, warum ich dieses Jahr in meine alte Heimat, in den Schwarzwald, zurückgekehrt bin.

Regelmäßige Feste nähren das mythisch-symbolische Bewusstsein, denn sie schenken uns das Gefühl, mühelos verstanden zu werden, weil wir ähnliche Erinnerungen, Erfahrungen und Werte teilen. Wir fühlen uns geradezu magisch verbunden, weil wir uns schon so oft begegnet sind, und diese Vertrautheit nährt das Vertrauen zu- und ineinander. Und nicht nur ich erlebe bei Festen ab und zu ein Gefühl des archaischen Einsseins jenseits von Worten und Begriffen, jenseits von Zeit und Raum. All diese Erfahrungen sind das Geschenk langfristiger Beziehungen zu Menschen, denen wir immer und immer wieder begegnen.

Ähnliches erlebe ich auch in vielen Meditationskursen, an denen »Oldies« teilnehmen, Personen, die mich und die anderen, das Seminarhaus und den Ablauf der Kurse schon lange kennen. Beim stillen Sitzen, aber vor allem beim gemeinsamen Singen von Mantras und Liedern vergessen wir sehr leicht Zeit und Raum. Ich weiß manchmal für Momente nicht, ob es Sommer oder Winter ist und in welchem Seminarhaus ich gerade bin. Und die vertrauten Texte tragen uns für Momente auch jenseits von Denken, Worten und Begriffen. Wer das ein paar Mal erlebt hat, weiß, dass Leben mehr ist, als wir mit den fünf Sinnen und dem Verstand begreifen. Dazu mehr in Kapitel 8, in dem ich auch über die Tiefendimension von Religion, über das Leben im Schnittpunkt beider Dimensionen, von Immanenz und Transzendenz spreche.

Beziehungen oder Einheit in Vielfalt

Ich weiß, dass meine guten Erfahrungen mit Familie und langjährigen Beziehungen kein Modell für alle sind. Auch bei mir gingen einige langjährige Freundschaften in die Brüche. Das tat weh, aber auch das gehört zu meinem Leben. Einige meiner Bekannten haben wenig oder gar keinen Kontakt zur Herkunftsfamilie und einige sind sehr wählerisch mit Freundschaften. Ich möchte mit meinen Erfahrungen dazu ermutigen, auch mal fünf gerade sein zu lassen, wenn es hakt und klemmt in Freundschaften. Sie sind Gold wert, denn sie können uns tragen, jenseits von Worten und Meinungen.

Ich halte den aktuellen Hype des Alleinlebens mit offenen und unverbindlichen Beziehungen nicht für zukunftsfähig. Ich verstehe zwar den Wunsch nach bedingungsloser Freiheit und Selbstverwirklichung in bestimmten Lebensphasen. Wir machen in der

Pubertät und als junge Erwachsene wichtige Erfahrungen, wenn wir aus klar strukturierten Kontexten ausbrechen. Vielleicht packt uns auch um die Lebensmitte mit etwa Vierzig und vielleicht auch zu Beginn der Rentenzeit ein großes Verlangen nach Freiheit und Ungebundensein. Das kann und darf alles sein. Aber aus meiner Sicht ist das Alleinleben ohne stabile Beziehungen keine Dauerlösung. Weder für gute oder sehr gute noch für schlechte Zeiten. Gerade in Krisen und Umbruchzeiten brauchen wir Menschen.

Wir brauchen langfristige Beziehungen zu unterschiedlichen Menschen in unterschiedlichen Bereichen unseres Lebens. Denn wir sind vieldimensionale Wesen. Meiner ersten Kurzbiografie für ein buddhistisches Buchprojekt über buddhistische Lehrerinnen und Mentoren, die zwischen 1940 und 1960 geboren wurden, gab ich den Titel: *Schwarz, Rot, Grün:* Ein Schwarzwaldmädel, rote Roben und die Grüne Tara. Ich war und bin viele: Schwarzwaldmädel, Wahlberlinerin und Wahlbrandenburgerin. Frau vom Land, alte Linke, feministische Buddhistin, liberal-badisch-katholisch, entspannte Vegetarierin, die ab und zu gerne ein halbes Hähnchen oder ein Schnitzel isst. Ich singe gerne und interessiere mich für Politik und schreibe meine Essays und Bücher am liebsten im Garten, im Schatten eines großen Baumes.

Meine buddhistische Familie

Nach der Gründung unseres buddhistischen Zentrums in Niederbayern im Frühjahr 1981 besuchte ich ab 1982 regelmäßig Konferenzen in Italien, Frankreich und England, auf denen sich Leiterinnen und Vertreter unserer europäischen Schwesterzentren trafen, die unser gemeinsamer Lehrer, Lama Thubten Yeshe, seit 1974 inspiriert hatte. Im Frühjahr 1984 wurde unser niederbayrisches Zentrum Mitglied der *Deutschen Buddhistischen Union (DBU e. V.)*. Auf dieser Mitgliederversammlung wurde ich in den Vorstand dieses buddhistischen Dachverbandes gewählt, denn die Mehrheit der Delegierten der damals rund dreißig Mitgliedsgemeinschaften war der Meinung, dass nach fast 25 Jahren, in denen die Generation meiner Eltern den Dachverband geleitet hatte, ein Generationswechsel mit einer tatkräftigen Frau im geschäftsführenden Vorstand anstand.

Fünfzehn Jahre lang, von 1984 bis 1999 arbeitete ich aktiv mit. Neben den regelmäßigen Treffen zweimal im Jahr in Deutschland gab es auch alle vier Jahre europäische Konferenzen der European Buddhist Union (EBU), von denen mir vor allem die Tagungen im Herbst 1984 in Turin und nach der Wende 1992 in der Werner-Seelenbinder-Halle in Ostberlin sehr in Erinnerung geblieben sind. Wenn ich bei Tagungen oder Geburtstagen von Kollegen oder bei Jubiläen von Zentren Kolleginnen und Weggefährten treffe, fühlen wir uns irgendwie verwandt. Auch sie gehören zu meiner erweiterten Familie und sie bereichern mein Leben.

Im Sommer 1985 wurde ich für zwei Jahre buddhistische Nonne in der tibetischen Tradition und verbrachte das Winterhalbjahr 1986–1987 in unserem Mutter-Zentrum, dem Kloster Kopan in Nepal. Wunderbarerweise fand dann im Januar 1987, unter Schirmherrschaft und mit großer Unterstützung des Dalai Lama und rund einem Drittel männlicher Unterstützer aus Asien und dem Westen, die *First International Conference of Buddhist Women* statt. Wir gründeten zusammen den Verband *Sakyadhita, Töchter des Buddha*, und diese Organisation veranstaltet inzwischen regelmäßig internationale und regionale Tagungen und Konferenzen. Sie setzt sich ein für die Ausbildung buddhistischer Lehrerinnen, vor allem in Asien, aber auch im Westen, und für die volle Ordination buddhistischer Nonnen, deren Linie es in einigen Ländern in Asien noch nie gab oder nicht mehr gibt. Wir fühlen uns verbunden, auch wenn wir uns lange nicht gesehen oder nichts voneinander gehört haben, denn wir teilen wichtige Erfahrungen und Werte.

Zur Ersten Internationalen Konferenz, der *Western Buddhist Teachers' Conference (WBTC)*, mit dem Dalai Lama 1993 im indischen Dharamsala wurde ich explizit als feministische buddhistische Lehrerin eingeladen. Es war ein Erlebnis, das uns alle nachhaltig inspiriert hat. Gleich nach meiner Rückkehr regte ich lokale Konferenzen in Deutschland und auf europäischer Ebene an. Fünfmal nahm ich an internationalen Konferenzen teil, zweimal in Dharamsala, einmal in Kalifornien und zweimal in New York. Auch wenn ich manchen Teilnehmerinnen nur ein-, zweimal persönlich begegnet bin, fühlen wir uns verwandt.

2015 traf ich auf einer Konferenz in New York eine relativ junge buddhistische Nonne aus dem kalifornischen Zentrum meines schon lange verstorbenen tibetischen Lehrers Lama Thubten

Yeshe (1935–1983). Als sie hörte, dass ich seine Schülerin war, fing sie an zu tanzen und zu singen: »We are family …« Wir tanzten und lachten und fühlten uns verwandt. So geht es mir auch, wenn ich mit Kolleginnen oder Kollegen in den USA oder in Europa E-Mails austausche. Das letzte Mal nahm ich im September 2019 an einer europäischen Konferenz in Barcelona teil und die meisten Teilnehmenden kannten sich und fühlten sich wie auf einem Familientreffen. Sich über lange Zeiträume und große Entfernungen verbunden zu fühlen, ist nicht nur schön, sondern es stärkt auch unser Gefühl der Zugehörigkeit jenseits des Alltags.

Es gibt viele Arten von Familie: Blutsfamilie, Wahlfamilie, spirituelle Familie und vieles mehr. Bevor ich in Kapitel 5 über die Bedeutung von Wohnen und Nachbarschaft, Region und Landschaft spreche, noch ein paar Überlegungen zur Bedeutung von Vorbildern für die persönliche Entwicklung und die Rolle von tragenden Beziehungen in der Politik.

Vorbilder statt Feindbilder

Mein ganzes Leben lang hatte ich Vorbilder, die mich dazu inspirierten, etwas Neues zu wagen und zu meinen Erfahrungen zu stehen. Das begann mit einer Benediktiner-Nonne aus Bingen am Rhein, deren Ordensschwestern in unserem kleinen Städtchen im Krankenhaus, im Altenheim und im Kindergarten mitarbeiteten. Meine geliebte Schwester Maria Cäcilia hatte immer Zeit für ein Schwätzchen und ein Lächeln, das mich bis heute begleitet. Vier Jahre nach meiner Kindergartenzeit schenkte sie mir zur Erstkommunion einen silbernen Rosenkranz. Er hängt an der rechten Hand meiner Statue der Grünen Tara und verbindet mich ohne Worte mit meiner katholischen Kindheit.

In der Grundschule förderten uns zwei junge Lehrerinnen im Singen und Malen, Lesen, Schreiben und Rechnen, und das gelang ihnen mühelos mit ihrer eigenen Freude daran. Im Gymnasium steckten mich die Lehrer für Englisch und Französisch an mit ihrer Freude an einer schönen Aussprache, die sie mit dem Vorlesen und Auswendiglernen von Gedichten und Romanauszügen förderten. Und unser politisch sehr interessierter Lehrer für Geschichte und Gemeinschaftskunde – heute nennt man das neutraler Sozialkunde oder Politik – baute mit uns eine spannende kleine Klassenbibliothek auf mit Büchern, die uns die Bundeszentrale für Politische Bildung schenkte. Und er inspirierte uns in der zehnten Klasse mit seinen witzigen Zusammenfassungen von Cäsars gallischen Kriegen zu einer freiwilligen Latein-AG.

In der zweiten Klasse, mit etwa acht Jahren, wurde ich Mitglied bei den interkonfessionellen Pfadfinderinnen, deren Leiterin die Tochter der Chefin einer großen Wäscherei war, die die Wäsche für unsere Gastwirtschaft machte. Inspiriert dazu hatten mich Mädchen aus meiner Klasse. Wir organisierten Ferienlager und lernten Zelte auf- und abbauen. Es gab Nachtwanderungen mit unseren kaum älteren 16–20-jährigen Gruppenleiterinnen und wir lernten viele Sternbilder kennen, saßen am Lagerfeuer und spielten bei Freizeiten in Jugendherbergen die Artus-Sage nach. Immer gab es etwas ältere Mädchen und junge Frauen, die mir – wie auch meine Mutter und Großmutter, unkonventionelle Tanten und Cousinen – vorlebten, wie unterschiedlich Mädchen und Frauen sein dürfen und was sie alles können.

Ich fand die Frauenbewegung interessant, aber sehr viel Neues lernte ich da nicht. Ich wusste bereits, dass Frauen ein Geschäft und Vereine leiten, Auto fahren und an Fastnacht vor achtzig Leuten in einem Lokal Witze und lustige Begebenheiten erzählen können. Statt mehr oder weniger abstrakt gegen das Patriarchat zu kämpfen, gründete ich lieber mit ein paar Frauen 1976 die zweite deutsche Frauenrockband *Lysistrara.* Den Namen verdankt die Band einem Druckfehler in einem Ausstellungskatalog, an dem ich mitarbeitete, da der Setzer die griechische Dame Lysistrata nicht kannte, die den ersten Bettenstreik der Geschichte organisierte, damit ihre Männer aufhörten Krieg zu führen, was ihr gelang. Gemeinsam mit unseren Vorbildern, der Band *Flying Lesbians*, heizten wir den Berliner Frauen auf dem ersten großen Berliner Frauenfest im Juni 1977 in der TU-Mensa kräftig ein. 2019 nahm eine Berlinerin zum x-ten Mal an meinem Meditationskurs im buddhistischen Zentrum in Roseburg bei Hamburg teil, und beim Plaudern am letzten Tag fanden wir heraus, dass sie mit 21 Jahren 1977 an diesem Fest teilgenommen hatte. Die Welt ist klein.

Ohne meine weiblichen Vorbilder in Kindheit und Jugend hätte ich damals nicht so leicht den Mut gefasst, vor 3000 Frauen selbst gedichtete Lieder zu singen und dabei Elektrobass zu spielen. Vor etwa fünfzehn Jahren fragte mich eine Mitarbeiterin des Berliner Dharma-Buchladens in der Akazienstraße, ob ich die Sylvia sei, der ihre neu gekaufte Fender-Bassgitarre einmal gehört habe. Auch Bassgitarren haben einen Ahnenpass, auf dem ich als Besitzerin Ende der 1970er-Jahre erwähnt wurde. In diesem Gespräch war plötzlich diese Zeit der Rockband wieder sehr lebendig da.

Ich hatte immer Vorbilder zu unterschiedlichen Zeiten und in unterschiedlichen Bereichen meines Lebens: In Kindergarten und Grundschule, auf dem Gymnasium und im Studium, in der Musikszene und auch später im Buddhismus habe ich immer auch Frauen gesucht und gefunden, die mich begleitet und inspiriert haben. Dafür bin ich unendlich dankbar. Auch wenn ich zu den meisten keinen Kontakt mehr habe, so sind sie doch ein unverzichtbarer Teil meines Lebens. Mit ihnen habe ich die spannende Gratwanderung von Geborgenheit und Freiheit kennengelernt. Sie haben mir vorgelebt, dass beides zusammenpasst, auch wenn es manchmal knirscht und knarrt.

Überlebensstrategien, reaktive Emotionen und Politik

Meine Lebenserfahrung sagt mir: Wer ein gutes Beziehungsnetz und Vorbilder hat, braucht keine Feindbilder. Feindbilder entstehen, wenn wir uns ohnmächtig und unsicher fühlen. Dann projizieren wir die Macht und Kraft, die uns fehlt, auf andere. Aber dann fühlen wir uns noch ohnmächtiger. Genau das fördert Wut und Angst. Und wenn uns Wut und Angst überwältigen, erstarren wir.

Der Traumatherapeut Peter Levine interpretiert die drei Überlebensstrategien Kämpfen, Flüchten und Erstarren, die wir mit den Tieren gemeinsam haben und bei kleinen Problemen in Alltagssituationen anwenden, als reaktive Emotionen nach häufigem Scheitern.[5] Wenn wir im Alltag eine Herausforderung erleben, überlegen wir normalerweise hoffentlich gründlich, ob wir ihr gewachsen sind oder nicht.

Wenn wir uns den Herausforderungen gewachsen fühlen, packen wir das Problem an. Haben wir Erfolg, freuen wir uns. Haben wir uns überschätzt, fühlen wir uns für Momente oder auch längere Zeit ohnmächtig und reagieren darauf leicht mit Ärger und

Wut. Falls wir diese Art Scheitern und Ohnmacht aus Überschätzung unserer Fähigkeiten häufiger erleben, ist es meist so, dass wir nach Schuldigen suchen und Feindbilder aufbauen.

Wenn wir uns einer Aufgabe nicht gewachsen fühlen, versuchen wir, sie zu vermeiden, wir »flüchten«. Gelingt uns die Flucht, freuen wir uns. Wenn uns andere zwingen können, eine zu große Aufgabe zu übernehmen, oder wenn wir uns aus Angst vor Ablehnung dazu überreden lassen, fühlen wir uns ohnmächtig und reagieren mit Angst. Geschieht uns das häufiger, besteht die Gefahr, dass wir unser Selbstvertrauen verlieren, uns immer ohnmächtiger fühlen und nach Schuldigen suchen, die wir als übermächtig erleben. Ohne tragendes Beziehungsnetz fühlen wir uns schnell ohnmächtig, denn das Leben ist zu komplex, um alleine damit klarzukommen. In Krisen neigen einige dazu, sich an Menschen und Gruppen anzuschließen, die die Ohnmacht mit klaren Feindbildern rechtfertigen, und verharren abgeschottet in dieser »Blase«.

Dann ist der Kapitalismus schuld oder »das System«, die Eliten oder die Finanzindustrie, die Linken oder die Umweltschützer. Wenn wir keine Blase finden, mit deren Hilfe wir unsere Ohnmacht und Wut als normal und angemessen rechtfertigen können, greift oft die letzte der drei Überlebensstrategien, und wir erstarren. Solange wir mit dem Alltag einigermaßen klarkommen, verhalten wir uns im Rahmen kultureller Gewohnheiten. Wenn wir aber häufiger scheitern, regredieren wir auf archaische Überlebensstrategien: ohnmächtige Wut, Angst, Flucht und Erstarren. So beschreibt es der Traumatherapeut Peter Levine für mich sehr nachvollziehbar.

Als ich diese Interpretation von Peter Levine Anfang der Nuller-Jahre zum ersten Mal las, wusste ich: Das stimmt. Auch die tibetischen Traditionen erklären Wut als Folge von Ohnmacht. Und was schützt vor Ohnmacht? Tiefes Vertrauen und ein starkes tragendes Beziehungsnetz. Wenn ich mir die soziale Zusammensetzung rechter Bewegungen und populistischer Gruppen und Parteien anschaue, sehe ich immer wieder Menschen, die sich verloren und vergessen, übersehen oder unwichtig fühlen und dann ein tragendes Netz in einer rechten oder extremen Gruppe finden. Dazu gehören nicht nur prekär Beschäftigte und abgehängte Randgruppen, denn am rechten Rand gibt es auch wohlhabende Bürger. Sie gehören vermutlich nach der Interpretation von Andreas Reckwitz zur alten Mittelschicht, die sich kulturell abgewertet fühlt.

Was schützt vor sozialer Isolation und politischem Extremismus? Es sind die Beziehungen zu Menschen, die anders denken und fühlen und denen wir dennoch vertrauen, weil wir sie lange kennen. Auch aus diesem Grund sind lokale Vereine und vielfältige Beziehungen in der Region so wichtig. Dort lernen wir Menschen kennen und schätzen, die anders denken als wir. Denn andere Menschen bestehen nicht nur aus Meinungen, sondern sie haben Fähigkeiten und können Dinge, die ich selbst vielleicht nicht kann.

Wir können bei den meisten Menschen, die wir über einen langen Zeitraum kennen, Seiten entdecken, die wir schätzen. Wenn wir uns darauf beziehen, können wir miteinander auskommen, trotz unterschiedlicher politischer und weltanschaulicher Ansichten. Sicher gab und gibt es auch in meinem Leben Menschen, mit denen ich nicht oder nicht mehr zusammenarbeiten will und kann. Aber auch mit ihnen tut mir ein bisschen freundlicher Smalltalk nicht weh und er erleichtert das Zusammenleben.

Ein Wort der Vorsicht: Wenn ich von der Bedeutung langfristiger Beziehungen in allen Bereichen des Lebens, auch in der Politik, spreche, dann meine ich damit nicht primär nutzenbezogene Interessenverbände und Amigo-Seilschaften. Die gibt es auch, und Vitamin B, d.h. persönliche Beziehungen, haben auch mir schon dabei geholfen, eine günstige Wohnung oder eine neue Arbeit zu finden. Diese Art von Gruppen ähnelt eher den früheren Stammesverbänden, die sich, historisch und kulturgeschichtlich verständlich, vor allem um ihre eigenen Leute kümmerten. Solange ein solches gemeinsames Wir nicht zur Ablehnung und Ausgrenzung von anderen Menschen und Gruppen führt, fördert das den lokalen Zusammenhalt. In einer Demokratie geht es aber darum, dass wir von einem ausschließlichen Gruppen-Wir zu einem gemeinsamen Wir-alle auf unterschiedlichen Ebenen finden. Und das lernen wir nur in der regelmäßigen Begegnung mit Menschen, die auch anders denken und fühlen als wir.

5. Wohnen und Nachbarschaft

Schutz, Rückzug und Begegnung

Ein Dach über dem Kopf zählt zu den Grundbedürfnissen des Lebens. Wir brauchen einen Ort, wo wir Schutz finden vor Wind, Schnee und Regen, vor Kälte und zu viel Sonne. Die englische Redewendung »My home is my castle« betont die Analogie zwischen Wohnen und Burg im Sinne von Schutz. Für mehr oder weniger wohlhabende moderne Menschen im Westen ist ihre Wohnung auch Ausdruck von Identität und Stil. Ich teilte mir bis zum elften Lebensjahr, bis meine Mutter meinen Stiefvater heiratete, ein kleines Zimmer mit ihr. Ein Vorhang teilte den Schlafbereich vom kleinen Wohnzimmer mit Kachelofen ab. Als der jüngere Bruder meiner Mutter, mein Patenonkel, im selben Jahr heiratete, zog ich zwei Jahre später in sein Zimmer. Endlich hatte ich mein eigenes Reich! Zwar klein, aber mein.

Ein kleines Zimmer für mich allein reichte mir auch in den nächsten fast drei Jahrzehnten, bis ich dann 1997 in Brandenburg mit meiner Partnerin in unser eigenes Haus zog, zunächst für fünf Jahre zur Miete, und danach konnte ich es dank einer sehr guten Beratung beim Berliner Finanzkontor kaufen. Dieses Projekt sah und sieht es als seine Aufgabe an, Frauen bei dem Erwerb von Wohneigentum zu helfen – als notwendige und sinnvolle Ergänzung der Altersvorsorge.

Als Studentin wohnte ich im ersten Semester ab Herbst 1968 zunächst bei einer Tante und danach ein halbes Jahr zur Untermiete bei einer Beamtenwitwe. Danach hatte ich für ein Semester ein kleines Zimmer mit Kochnische, und ich teilte mir mit zwei Studenten Kühlschrank und Dusche auf dem Flur. Ab Sommer 1970 lebte ich dann bis zu meiner Studienreise nach Indien von 1977 bis 1979 in einer WG. Und ab 1981 auf zehn Quadratmetern in unserem buddhistischen Zentrum, das wir in einer ehemaligen Dorfschule aufgebaut hatten. Ich wohnte immer gerne mit anderen

Menschen zusammen, aber unbedingt mit einem Zimmer für mich allein.

Zwischenruf: Schutz vor Obdachlosigkeit als Menschenrecht

Menschen brauchen eine Wohnung als Schutzraum und Ort des Rückzugs vor der Welt, zumindest ein kleines Zimmer. Auch aus diesem Grund darf sich keine Stadt und keine Region, kein Bundesland oder Staat mit dem zunehmenden Wohnungsmangel in den Städten abfinden. Die zuständigen Ämter und Politiker müssen Obdachlosigkeit soweit möglich unbedingt schon im Vorfeld verhindern. Und das selbst dann, wenn die Verantwortlichen glauben, die Menschen seien selber schuld an ihrer Situation. Langfristige Probleme bei der Wohnungssuche zerstören Vertrauen in andere und das Selbstvertrauen, und dies wirkt sich besonders für Kinder, die unter solchen Bedingungen aufwachsen, katastrophal aus.

Um Wohnungsmangel zu verhindern, braucht es in Zeiten der Klimakrise keine neuen Einfamilienhäuser im Umland großer Städte, auch wenn sich einige Leute das immer noch wünschen. Es gibt gute Konzepte für und Erfahrungen mit dem Aufstocken von Hochhäusern und mit erschwinglichen Wohnungen, die von alten und neuen Wohnungsbaugenossenschaften erstellt werden. Viele Menschen ziehen in Zeiten von Home-Office inzwischen in kleine Dörfer und freuen sich über dort leerstehende Häuser, vor allem, wenn es auch eine gute Verkehrsanbindung gibt. Vielleicht verstärkt der Wohnungsmangel in den Städten die seit einiger Zeit zu beobachtende Stadtflucht. So wird sie vielleicht zum Anstoß, auch auf dem Land wieder eine funktionierende Infrastruktur aufzubauen.

Im Allgemeinen gehören zu einer Wohnung immer auch Nachbarn. Nachbarschaft kann man sich meist nicht aussuchen, und so ist sie einerseits ein Faktum und andererseits auch kostbar, denn sie ermöglicht niederschwellige Begegnungen und manchmal auch Hilfe und Unterstützung. Das wird auch öffentlich als wertvoll anerkannt, denn Nachbarschaftshilfe ist in einem gewissen Rahmen sogar steuerfrei. Wir dürfen Nachbarn also gegen eine geringe Aufwandsentschädigung helfen, ohne eine Rechnung ausstellen zu müssen. Das finde ich sinnvoll und angemessen. Das kann zwar auch ausgenutzt werden, aber im Normalfall erleichtert es das Leben. Natürlich ist Nachbarschaft nicht immer einfach, aber das ist das Zusammenleben mit anderen vermutlich nie.

Ich habe bis zum Abitur mit 19 Jahren in der oben schon erwähnten badischen Kleinstadt gelebt, zwölf Jahre danach für acht Jahre in einem kleinen Dorf in Niederbayern, in unserem buddhistischen Zentrum. Und fast dreißig Jahre lang in einem kleinen Brandenburger Dorf. Ich habe mich immer gut verstanden mit meinen Nachbarn, und wenn ich heute, nach über dreißig Jahren, auf dem Weg ins Seminarhaus Engl »unser« Dorf in Niederbayern besuche, freuen wir uns immer noch über die gemeinsame Zeit in den 1980er-Jahren. Das hat sicher damit zu tun, dass ich vom Land komme und umgänglich bin. Ich mag Menschen, von wenigen Ausnahmen abgesehen. Und ich komme mit fast allen Menschen aus, wenn ich akzeptiere, dass sie anders ticken als ich.

In Berlin habe ich in den 1970er-Jahren schnell gelernt, dass fast niemand »in Berlin« wohnt. Alle wohnen in ihrem Stadtteil, in ihrem Kiez, wie man dort sagt. Die Stadt Berlin gibt es erst seit 1920. Davor gab es nur eine Ansammlung von Kleinstädten, und das kann man heute noch in einigen Stadtteilen ahnen. Wir können überall, wo wir wohnen, Kontakte in der Nachbarschaft knüpfen und einige davon pflegen. Ich kaufe gerne in den gleichen Geschäften ein und rede mit der Verkäuferin an der Kasse und an der Brottheke, mit der Apothekerin und dem Automechaniker. Auch diese niedrigschwelligen Kontakte tun gut. Ein kleiner Schwatz verbindet, und dann fühlt man sich heimischer.

Zuhause an einem neuen Ort

Anfang 1989 zog ich für vier Jahre nach Frankfurt am Main, denn ins immer noch eingeschlossene Westberlin wollte ich nach meiner Zeit in Niederbayern nicht zurück. Nach etwa vier Monaten las ich in einer Zeitung, dass man sich an einem neuen Ort dann zuhause fühlt, wenn man etwa dreißig Personen kennt, die einen auch wiedererkennen. Ich zählte nach, und es stimmte. Ein paar Kolleginnen bei der Volkshochschule, an der ich Deutsch als Fremdsprache unterrichtete, ein paar Freundinnen, der Postbote und Leute in den kleinen Läden, in denen ich einkaufte, die Bedienung im Szene-Lokal »Strandcafé« gegenüber usw.

Nach dem fünften Einkauf in einem kleinen Geschäft für Obst und Gemüse an der nächsten Ecke, sagte die Chefin, eine Italienerin: »Sie sind wohl neu zugezogen. Jetzt können Sie anschreiben lassen. Ich kenne Sie.« 25 Jahre später machte ich 2018 nach einem Seminar in Frankfurt einen Spaziergang durch mein altes Wohnviertel und besuchte kurz den Obst-und-Gemüse-Laden, der immer noch dieselbe Chefin hatte. Ich bedankte mich bei ihr für ihr Vertrauen, das mir vor fast dreißig Jahren das Ankommen in Frankfurt sehr erleichtert und ein Gefühl von Zuhause geschenkt hatte.

Die Soziologie geht davon aus, dass wir uns in kleinen Gruppen mit dreißig bis fünfzig Menschen, die wir mit Namen kennen, gut orientieren und zuhause fühlen können. Die Zahl Dreißig entspricht in etwa der Größe einer Sippe in der Steinzeit. Und mit bis zu 150 Personen können wir in einem Haus, einer Nachbarschaft oder in einem kleinen Dorf ohne schriftliche Regeln zusammenleben. Auch das passt zu meiner Lebenserfahrung.

Ich vermute, dass sich viele Menschen auch deshalb in einer Großstadt unsicher und verloren fühlen, weil sie *nicht* mit 30, 50 oder 150 Menschen, die sie vom Sehen oder sogar beim Namen kennen, regelmäßig zu tun haben. Ich wiederhole es immer und immer wieder gerne: Beziehungen sind nicht nur das halbe, sondern das ganze Leben. Und zwar analoge Beziehungen zu realen Menschen in der näheren Umgebung. Diese alltägliche Vertrautheit wird bereichert durch Kontakte mit Menschen, die wir von früher kennen oder die weiter entfernt wohnen. Aber nichts kann alltägliche Beziehungen ersetzen. Diese tragen uns auch jenseits von geteilten Ansichten und Interessen, einfach durch Begegnung und unkomplizierte Gespräche.

Auch solche niederschwelligen Kontakte brauchen Pflege. Das fällt uns leichter, wenn wir nicht zu viel von ihnen erwarten. Menschen sind und bleiben verschieden und niemand kann uns glücklich machen, vor allem dann nicht, wenn wir zu viel erwarten.

Ortsgemeinde und lokale Projekte

Die Selbstverwaltung der Gemeinden in Deutschland wurde nach dem Zweiten Weltkrieg auch als Einüben von Demokratie verstanden. So lernen die Menschen, die in einem Dorf oder einer kleinen Gemeinde zusammenwohnen, das Gespräch mit »Menschen im Plural« (Arendt) über die gemeinsame Welt. Das kleine Brandenburger Dorf, in dem ich bis vor Kurzem gelebt habe, hat knapp über hundert Einwohner, und alle paar Jahre werden die drei Ortsvorsteher gewählt, die zwei-, dreimal im Jahr zu einer Dorfversammlung einladen, aber auch zu einem Sommerfest oder zum Adventsbasteln. Seit Beginn gehen meist ein, zwei aus dem Frauen-Wohnprojekt, in dem ich fast dreißig Jahre gelebt habe, zu den Versammlungen und, soweit möglich, auch zum Sommerfest und eine unterstützt auch die lokale Wahlkommission. Es tat immer gut, wenn eine alteingesessene Dorfbewohnerin uns anlächelte und sagte: »Deinen Ausweis brauche ich nicht. Ich kenne dich ja.«

Der Naturschutzbund NABU hat einen der vielen Seen gekauft und kümmert sich auch um einen kleinen Teich, der zum Dorf gehört, in dem seltene Wassertiere leben. Als dieser Teich eine Belüftung brauchte, fragte man meine Partnerin und mich, ob wir die Maschine, die mehrmals am Tag läuft und laute Geräusche macht, bei uns im Garten aufstellen könnten. Denn unser Grundstück grenzt an das Waldstück, an dem der See liegt. Das haben wir gerne gemacht.

6. Arbeit und Muße

Das aktive und das kontemplative Leben

Wenn wir den Begriff Arbeit verwenden, beziehen wir ihn meist sehr eng vor allem auf – gut oder weniger gut bis schlecht – bezahltes Tun im Sinne eines Beitrags zum Lebensunterhalt, das mit Anstrengung und Mühe verbunden ist. Arbeit ist aber unendlich viel mehr. Sie ist auch eine Chance und Möglichkeit, unsere Fähigkeiten zu entdecken, zu entwickeln und auszudrücken, nicht nur zu unserem eigenen Wohl, sondern auch zum Wohle unserer Mitmenschen und der Gesellschaft, in der wir leben.

Ich habe leider erst zu Beginn der Nuller-Jahre das umfangreiche Werk der politischen Philosophin Hannah Arendt entdeckt. Ihre Bücher, Audio-Vorträge und das berühmte Fernseh-Interview von 1964 mit Günter Gaus sind mir seither kostbare Orientierung im Auf und Ab des Lebens. Ich hatte zwar am Otto-Suhr-Institut der Freien Universität Berlin von 1972 bis 1975 Politik studiert, aber weder ihren Namen noch den ihres Lehrers Karl Jaspers je gehört. Warum nicht? Sie hatte in den Augen der linken Studentenbewegung eine politische »Todsünde« begangen und in ihrem Werk *Elemente und Ursprünge totalitärer Herrschaft* (1955) nicht nur den Faschismus, sondern auch den real existierenden Sozialismus in Gestalt der Sowjetunion kritisiert.

Das erste Buch von ihr, das ich 2001 mit zunehmender Begeisterung und Inspiration las und seither immer wieder lese war *Vita Activa oder Vom tätigen Leben*[6]. Durch ihre präzise Beschreibung und Unterscheidung der Vita activa und der Vita contemplativa begriff ich zum ersten Mal, was religiöse oder spirituelle Praxis sein kann und was ich eigentlich »tue« oder zulasse, wenn ich meditiere und über die kleinen und großen Fragen des Lebens nachdenke.[7]

Hannah Arendt unterscheidet in Anlehnung an die griechisch-europäische Tradition zwischen dem aktiven und dem kontemplativen Leben. Zum *aktiven Leben* gehören in ihren Worten *Arbeiten, Herstellen* und *Handeln*, Letzteres im Sinne von Politik, und das definiert sie als »das Gespräch mit Menschen im Plural über die gemeinsame Welt«[8].

Zum *kontemplativen Leben* gehören zwei zentrale Erfahrungen und Praktiken: das Selberdenken oder Philosophieren als Prozess und Tun und das Überschreiten des Denkens, auch durch religiöse Praktiken bzw. spirituelle Praxis. Das Überschreiten des Denkens kann nach Immanuel Kant auch mit Hilfe der Vernunft geschehen, die die Grenzen des Verstands erkennt und akzeptiert, dass sie Gott und Transzendenz weder beweisen noch widerlegen kann. Vor Kant geschah das vor allem mit Hilfe religiöser und spiritueller Praktiken und Erfahrungen.

Ein in allen Zeiten und Kulturen, auch von unseren Ahnen in Europa, gefundener und erprobter Weg dahin ist für den Kulturphilosophen Mircea Eliade die gemeinsame religiöse Praxis an heiligen Orten, zu heiligen Zeiten und mit heiligen Worten oder Liturgien, z. B. durch regelmäßig wiederholte religiöse Feste und Feiern mit vertrauten Liturgien und Ritualen in der Natur, in Kirchen, Moscheen oder Tempeln. Dies finden wir in allen Natur- und Hochreligionen der Welt.

Die Vita activa: Lebensunterhalt, Kultur und Politik

Hannah Arendt beschreibt das aktive Leben mit drei Begriffen: *Arbeiten, Herstellen* und *Handeln.* Damit unterscheidet sie drei Bereiche des Tuns: Arbeiten umfasst die notwendige *Sorge* um den Lebensunterhalt, Herstellen die nützliche und ästhetische *Gestaltung* der gemeinsamen Welt, und das Herz des politischen Handelns ist das *Gespräch* mit »Menschen im Plural« über die gemeinsame Welt, das dem Zusammenleben einen geteilten Sinn verleiht. Das ist für mich die schönste Definition von Politik, die ich kenne. Und sie inspiriert mich sehr, diese Art von Gespräch immer wieder zu suchen, auch wenn es manchmal sehr anstrengend sein kann.

Arbeiten ist notwendig, denn damit sichern wir unser Überleben. Schon immer arbeiteten Menschen, um Nahrung, Kleidung und Wohnen für Familie und Sippe zu sichern. Menschen wollen aber nicht nur überleben. Seit es den Homo sapiens, den denkenden oder nachdenklichen Menschen, gibt, kümmern sich Menschen um ihre gemeinsame Welt. Das nennt Arendt *Herstellen,* und wir nennen das Ergebnis Kultur. Wir stellen nützliche *und* schöne Dinge her, die wir zwar nicht zum Überleben brauchen, die das Leben aber angenehm machen. Dazu gehören fein gearbeitete Werkzeuge und schöne Häuser, Wege und Straßen, Plätze und Parks, Schulen und Universitäten, Schmuck und festliche Kleidung, Poesie und Musik – alles, was wir Kultur und Kunst nennen. Wenn man all dies dem Diktat der Nützlichkeit und der Wirtschaft unterwirft, schränkt das die Freiheit der Gestaltung unserer gemeinsamen Welt sehr ein, und das Leben wird langweilig. Dann brauchen wir Aufregung, Zerstreuung und Sensationen, damit endlich wieder etwas los ist.

Die griechische Antike schätzte nicht nur das Philosophieren als Prozess und das demokratische Gespräch, sondern auch die schönen Künste, und noch heute bewundern wir die Ausdruckskraft griechischer Statuen. Um solche Werke schaffen zu können, braucht es Menschen, die sich nicht primär um ihren Lebensunterhalt kümmern müssen, sondern freie Zeit für kreatives schöpferisches und auch für zweckfreies Tun haben. Daher spricht man seit dieser Zeit auch von den freien Künsten, den *Artes liberales*.

Die Kulturgeschichte erzählt uns, dass schon die Jäger und Sammlerinnen schöne Dinge und Schmuck herstellten. Es war aber vor allem die Erfindung des Ackerbaus, die für so viel materiellen Überschuss sorgte, dass einige begabte Menschen sich einen größeren Teil ihrer Zeit der Beobachtung der Jahreszeiten und der Bewegungen und Veränderungen am Himmel und den schönen Künsten widmen konnten.[9]

Die griechischen Unternehmer mit ihren vielfältigen Erfahrungen im Seehandel suchten nach einem Weg, mit Menschen aus unterschiedlichen Sippen und Stämmen konstruktiv zusammenzuleben und erfanden die Demokratie. Zum Volk, *demos*, gehörten damals aber nur freie Männer. Sie waren die Einzigen, die genügend Besitz hatten, um Zeit für das durchaus auch sehr mühevolle Gespräch mit »Menschen im Plural« über die gemeinsame Welt aufzuwenden. Das galt schon damals als zwar ehrenvolle, aber auch sehr anstrengende Aufgabe. Denn damals wie heute braucht es viel Herz und Verstand, um mit Menschen auszukommen, die nicht zur eigenen Sippe gehören und anders denken und fühlen und vielleicht andere Sitten haben.

Die Vita contemplativa und der Mut zur Muße

In diesem Kapitel 6, »Arbeit und Muße«, möchte ich über unterschiedliche Aspekte von Arbeit als *notwendiges, nützliches* und *sinnvolles* Tun sprechen. An dieser Stelle möchte ich aber auch kurz darauf hinweisen, dass die Überschätzung des aktiven Tuns unser Leben immer ärmer macht. Schon in der griechischen Antike wollten manche Männer frei sein von Politik. Und dazu gehörten nicht nur Künstler, sondern vor allem Philosophen und religiöse Menschen.

Die Liebhaber der Weisheit, die Philosophen, griech. *philia*, Liebe, *sophia*, Weisheit, stellten nämlich fest, dass man nicht gut selber denken kann, wenn man ständig mit Alltagsaufgaben beschäftigt ist und Konflikte moderieren muss. Zum Selberdenken, so sagten sie, braucht es *Muße*, griech. *scholé*, d.h. Zeit frei von äußeren und inneren Zwängen.

Von diesem Begriff *scholé* leitet sich unser Wort »Schule« ab. Was für ein wunderbarer Ort die Schule sein könnte, wenn schon Schüler und Lehrerinnen lernen würden, ab und zu frei von äußeren Zwängen und dadurch auch mehr und mehr von inneren zu werden. Das ist allerdings eine Lebensaufgabe.

Wenn wir uns auch nur ein wenig von äußeren Zwängen befreien, nach innen horchen und nachdenken, entdecken wir viele innere Zwänge. Dazu mehr in Kapitel 8, in dem es u.a. um Werte geht, und vor allem in Teil Drei dieses Buches, in dem ich über die Herausforderungen und Fallen des Lebens, vor allem aber auch über mögliche Ressourcen sprechen werde.

Das Sabbat-Prinzip

Seit meiner Entdeckung des Werks von Hannah Arendt vor über zwanzig Jahren spreche ich in allen Kursen, Schweigeretreats und Vorträgen über das aktive und kontemplative Leben. Als Inspiration für weniger Stress im Alltag schlage ich ein neu formuliertes Sabbat-Prinzip vor: Ich empfehle Menschen, die dafür offen sind, nach und nach ein Siebtel des Alltags freizuhalten von äußeren Zwängen und Aufgaben, um so die inneren Zwänge und Stressfaktoren besser zu erkennen und allmählich abzubauen. Nach und nach ein Siebtel des wachen Tages, also etwa zwei Stunden, einen Tag in der Woche, ein Wochenende im Monat, eine Woche jedes Vierteljahr, und für die Hochmotivierten ein Siebtel des Jahres, d. h. sechs bis sieben Wochen ohne Druck und Pläne, Sollen und Müssen. Mußezeiten sind zweckfreie Zeiten. Aber das *muss* man wollen und können, und das widerspricht unserem aktivistischen Zeitgeist.

Eigentlich könnten die Arbeitszeitgesetze es möglich machen. Wir sollten im Grunde nicht mehr als acht Stunden am Tag und nicht mehr als 38 Stunden in der Woche arbeiten. Und vier bis sechs Wochen Urlaub machen. Leider hat die Vita contemplativa und damit die Muße, die zweckfreie Zeit, in Leistungsgesellschaften einen schlechten Ruf. Seit der Reformation gelten religiöse Praxis und Muße als parasitär, als gesellschaftlich nutzlos und überflüssig. Das hat der große Soziologe Max Weber vor über hundert Jahren in seinem Buch *Die protestantische Ethik und der Geist des Kapitalismus* sehr anschaulich beschrieben.[10]

Der Zeitgeist singt unbeirrt: »Leistung, Leistung über alles …« Kein Wunder, dass viele Menschen unter Stress- und Burnout-Symptomen leiden. Wer nicht jeden Tag ein-, zweimal vom aktiven Sympathikus-Modus in den entspannten Parasympathikus-Modus umschalten will und kann, wird krank. Denn im aktiven Sympathikus-Modus, der für gefährliche Situationen notwendig und sinnvoll ist, werden Verdauung und Schlafbedürfnis quasi abgeschaltet, und auch das Immunsystem wird nur im Ruhemodus repariert. Weil viele Menschen unter Dauerstress stehen, sind genau diese drei Funktionen häufig gestört: Verdauung, guter Schlaf und das Immunsystem.

Mein Vorschlag: Ich empfehle das Sabbat-Prinzip für jeden Tag und jede Woche. Und wenn möglich, eine freie Woche im Quartal und einen »richtigen« Urlaub ohne Druck und Müssen. Jeweils ein Siebtel des Tages und der Woche, des Monats, des Quartals und des ganzen Jahres halten wir frei von Aufgaben und Druck. Wir müssen herausfinden, was wir dann gerne machen und zulassen wollen. In meinen zweckfreien Stunden lese ich gerne oder gehe spazieren. Ich surfe nicht im Netz und beantworte auch keine beruflichen oder privaten E-Mails oder SMS. Da Menschen verschieden sind, dauert es eine Weile, und es braucht auch Gespräche mit vertrauten Menschen, bis wir herausfinden, was wir in dieser freien Zeit machen wollen.

Ein freier Tag in der Woche war und ist eigentlich der Sinn von Sabbat und Sonntag. Ein ganzer Tag frei vom Einsatz fürs Überleben. Die Menschen hatten dann Zeit für die Familie und für die religiöse Praxis. Die Einführung der Sonntagsruhe unter Kaiser Konstantin im 3. Jh. n. Chr. galt auch für die christlichen Sklaven und schenkte ihnen einen Tag frei von Arbeit.

Meine Mutter brachte uns bei, am Ruhetag, dem Tag, an dem unsere Gastwirtschaft geschlossen hatte, einfach freizumachen. Sie setzte sich nicht ins Büro, machte keine Bestellungen und Einkäufe, sondern legte sich auf die Couch oder im Sommer in den Liegestuhl im Garten und las ein gutes Buch. Sie kochte ein einfaches Essen und ging vielleicht mit uns eine Runde spazieren, trank mit einer Freundin eine Tasse Kaffee und machte einfach frei.

Noch heute nehme ich mir sonntags nichts vor. Ich tue nichts, was ich machen muss. Ich wasche auch keine Wäsche und mache keinen Hausputz. Ich tue nur das, was ich will und woran ich Freude habe. Und ich bat meine Nachbarinnen auch darum, am Sonntag möglichst nicht den Rasen zu mähen oder zu renovieren. Manche Menschen in meinem Umfeld halten leider die Sonntagsruhe für überflüssig. Ich nicht. Ich halte sie für eine der wenigen Erinnerungen daran, dass das Leben nicht nur aus Arbeiten und Pflichten bestehen sollte. Auch wenn das viele Menschen glauben und den Sonntag für altmodisch und aus der Zeit gefallen halten.

Überleben durch bezahlte und unbezahlte Arbeit

Kinder gehen in die Schule und lernen nach ihrem Abschluss in der Regel einen Beruf, weil sie sich ihren Lebensunterhalt sichern wollen und müssen. Aber auch Vorschulkinder lernen hoffentlich zuhause, dass sich das Essen nicht selbst einkauft und kocht und dass man das Geschirr spülen und die Kleidung waschen muss. Und auch die Wohnung ist schöner, wenn sie immer und immer wieder aufgeräumt und geputzt wird.

Arbeiten im Sinne von Überleben und Lebensunterhalt bedeutet also nicht nur Arbeiten, um Geld zu verdienen, sondern auch um den Alltag zuhause zu bewältigen. Auch aus diesem Grund haben

Teile der Frauenbewegung in den 1970er-Jahren einen »Lohn für Hausarbeit« gefordert. Man spricht zwar heute in den neuen Zwanziger-Jahren ab und zu über die Vereinbarkeit von Beruf und Kindererziehung und von Work-Life-Balance, aber das reicht nicht. Diesen Begriff finde ich unsäglich dumm, denn er suggeriert, dass Leben nur außerhalb der Arbeit stattfindet. Das hat wohl auch damit zu tun, dass die Menschen, die diesen Begriff erfunden haben, ihre Arbeit nicht für sinnvoll halten, sondern nur für ein notwendiges Übel.

Wir müssen als Gesellschaft darüber nachdenken, wie wir Arbeit sinnvoll gestalten und so gut bezahlen, dass wir Zeit für Haushalt und Kinder, Eltern und Freundschaften, Nachbarn und Region, für Ehrenamt und die Mitgestaltung von Politik in der Region finden. Denn es gibt neben der Berufsarbeit viele sinnvolle, notwendige und freiwillige Termine. Wir gehen zum Friseur und zur Ärztin, treiben Sport und gehen wandern und teilen politische und soziale Interessen und Hobbys mit anderen. All das braucht Zeit und den Einsatz vieler Fähigkeiten.

In meiner Kindheit in den 1950er- und 1960er-Jahren kannte ich viele Handwerker und Geschäftsfrauen auch mit Kindern, Angestellte und Stammgäste unserer Gastwirtschaft und Touristen, die bis zur Rente in ihrem ersten Beruf arbeiteten, den z.T. schon ihre Eltern und Großeltern ausgeübt hatten, und das oft am selben Ort. Globalisierung und die »Liberalisierung« des Arbeitsmarktes beendeten für immer mehr Menschen den Traum von einem guten Beruf, der den eigenen Interessen entspricht und von dem man einigermaßen gut auch mit Kindern und alten Eltern leben kann. Aber Maschinen haben auch für viele Menschen das Arbeitsleben erleichtert.

Manche finden das Leben mit mehreren Ausbildungen und wechselnden Arbeitsplätzen interessant, aber für die Mehrheit der Menschen scheint das eine zu große Herausforderung zu sein. Wenn wir über Jahre mit einem Team von Kolleginnen und Fachleuten zusammenarbeiten, fühlen wir uns zugehörig und gesehen und meist auch genügend wertgeschätzt.

Beziehungen und Arbeit: Selbstausdruck und Stress

In Kapitel 4, »Familie und nahe Beziehungen«, habe ich vier eher alltägliche Anliegen beschrieben, die Menschen in allen Kulturen im Zusammenleben mit anderen anstreben und unter deren Fehlen oder Verlust sie leiden: Status und Besitz, Anerkennung bzw. Zuwendung und angenehme Gefühle. Sie spielen eine Rolle innerhalb der Familie und im Freundeskreis, in der Nachbarschaft und auf der Arbeit, in Politik und Kirchengemeinde oder anderen Gemeinschaften. Wenn wir sie erleben, tut das gut, und wenn wir sie verlieren, leiden wir.

Auch aus diesem Grund brauchen wir unterschiedliche Beziehungsnetze. Wenn der Haussegen schief hängt oder eine Beziehung kriselt, kann uns die Arbeit wieder aufbauen, und umgekehrt. Je mehr wir unsere Arbeit auch als Ausdruck unserer Fähigkeiten erleben, desto zufriedener sind wir. Wenn das in unruhigen Zeiten, in Krisen und Umbrüchen oder nach Eintritt des Rentenalters nicht möglich ist, können wir diese Säule des Lebens ergänzen durch ein Hobby oder ein ehrenamtliches Tun, das zu unseren Fähigkeiten passt.

Der Arzt Kurt Bodamer empfahl in den 1950er-Jahren den Menschen, die keine zufriedenstellende Arbeit finden, Abläufe in den Alltag einzubauen, bei denen sie einen Arbeitsprozess von Anfang bis Ende durchführen. Das stärke die Selbstwirksamkeit. Das war und ist eine wichtige Funktion von Hobbys und Gartenarbeit, von Ehrenamt und Nachbarschaftshilfe.[11]

Ich möchte Sie dazu ermutigen, in Umbruchzeiten und Krisen nicht den Mut zu verlieren. Auch ohne Wunschberuf und ideale Arbeit können wir unsere Fähigkeiten entdecken und entwickeln. Das Leben bleibt unsicher, und je stabiler unsere Beziehungsnetze in Familie und Nachbarschaft, im beruflichen Umfeld oder im Ehrenamt, in einer Wertegemeinschaft in Politik oder Religion sind, desto eher können wir das Wanken von ein, zwei Säulen aushalten und ausgleichen durch Begegnungen und gemeinsame Erfahrungen mit Projekten in anderen Bereichen.

Der Münchner Soziologe Armin Nassehi betont die Bedeutung von Eigenverantwortung und Gestaltungsspielräumen für das Wohlbefinden bei der Arbeit. Er sagt sinngemäß: Wenn der *reaktive* Modus gegenüber dem *intentionalen* Modus überwiegt, fördert das negativen Stress. Wenn wir vor allem auf Druck und Ansprüche reagieren müssen und wenig selbst gestalten können, primär Routinearbeiten erledigen, nach engen Vorschriften oder in sehr kleinteilig strukturierten Prozessen und unter Zeitdruck arbeiten (müssen), geraten wir leicht in Stress.[12]

Je mehr Spielraum sie für die Art der Bearbeitung einer Aufgabe haben, desto wohler fühlen sich viele Menschen. Auch Multitasking und der Zwang zu ständiger Erreichbarkeit führen schnell zu Stress. Allerdings gilt hier wie überall und zu jeder Zeit: Menschen sind verschieden und brauchen Unterschiedliches. Es gibt Menschen, die eine klar strukturierte Arbeit, bei der sie nicht viel nachdenken müssen, vorziehen. Das kann sich in unterschiedlichen Lebensphasen ganz allgemein oder bei anderweitigen Belastungen und Anforderungen situativ verändern.

Wenn möglich, sollten wir immer wieder einmal schauen, unter welchen Bedingungen wir gerne und gut und entspannt genug arbeiten können. Und dann sollten wir uns soweit möglich dafür einsetzen, die Struktur und den Raum zu schaffen und zu nutzen, der den Stress für uns und andere reduziert und unser aller Kreativität fördert.

7. Gesundheit, Alter und Krankheit

Gesundheit ist ein Zustand vollkommenen körperlichen,
geistigen und sozialen Wohlbefindens,
nicht allein des Fehlens von Krankheit und Gebrechen.
Weltgesundheitsorganisation (WHO), 1946

Gesund ist jede mündige Person,
die ihre Angelegenheiten selber zu besorgen vermag,
die zu ihrem Schutz keines Beistandes oder Fürsorge bedarf
und die Sicherheit anderer nicht gefährdet.
Sozialgesetzbuch, § 369

Krankheit im Sinne der gesetzlichen Krankenversicherung
ist ein regelwidriger Körper- und Geisteszustand,
dessen Eintritt entweder die Notwendigkeit einer Heilbehandlung
… oder Arbeitsunfähigkeit zur Folge hat.
Preussisches Oberverwaltungsgericht 1889
Bestätigt vom Bundessozialgericht 1972

Sinnlosigkeit verhindert die Fülle des Lebens
und bedeutet darum Krankheit.
C. G. Jung, Erinnerungen, Träume, Gedanken, S. 370

Der Mensch ist krank,
die Krankheit aber ist der Versuch der Natur, ihn zu heilen.
C. G. Jung, GW 10, § 361

Hauptsache gesund! Ansprüche und Verantwortung

Auf die Alltagsfrage »Hallo, wie geht's dir?« höre ich häufig: »Hauptsache gesund!« Stimmt das? Ja und nein. Gesundheit ist nicht alles, aber ohne Gesundheit ist alles nichts! Stimmt das auch? Die Aussage ist für mich ein deutlicher Hinweis, dass sich viele Menschen

Sorgen um ihre Gesundheit machen. Die oben zitierte Aussage der Weltgesundheitsorganisation, dass Gesundheit »ein Zustand vollkommenen körperlichen, geistigen und sozialen Wohlbefindens, nicht allein des Fehlens von Krankheit und Gebrechen« sei, halte ich für sehr idealistisch. Aber sie scheint zur Machermentalität heutiger Menschen zu passen, die daran glauben, dass sie mit der Zeit und mit Hilfe neuer Techniken alles in den Griff bekommen sollten und können.

Gesundheit ist ein hohes Gut, vor allem in unsicheren Zeiten. Zwei Haltungen dominieren, und sie scheinen sich in ihrer radikalen Form zu widersprechen: völlige *Selbstverantwortung* und überzogene *Ansprüche* an das Gesundheitssystem. Seit den 1970er-Jahren, d.h. seit über fünfzig Jahren, machen sich Menschen in Deutschland, aber auch in anderen Ländern, Sorgen um den Zustand der Natur, um Umweltverschmutzung, kritisieren sie die industrielle Landwirtschaft mit ihren Pestiziden oder die meist grausame Massentierhaltung. Immer offensichtlicher wird die Klimakrise, und dazu kam 2020 auch noch die Corona-Pandemie. All das erschüttert unser Vertrauen in die Möglichkeit eines einigermaßen gesunden Lebensstils und verringert die Chancen, unseren eigenen Beitrag zur Erhaltung unserer Gesundheit leisten zu können.

Ich bin sehr froh, dass ich in den 1950er- und 1960er-Jahren auf dem Land aufgewachsen bin, wo es immer genug Gemüse, Obst und Beeren aus dem eigenen Garten oder von Nachbarn gab. Und allerlei Hausmittel für die Unpässlichkeiten des Alltags. Es gab auch schwerere Krankheiten. Meine Oma hatte ein »schlimmes Bein« und ihre Galle war nicht in Ordnung. Meine Mutter und meine Tanten hatten ein-, zweimal im Jahr Ischias-Anfälle, und auch ich litt fast dreißig Jahre lang, im Alter von 18 bis 47, darunter.

Als ich im Frühjahr 1972 nach Berlin zog, eröffnete gerade das erste vegetarische Lebensmittelgeschäft in Schöneberg mit dem optimistischen Namen »Peace-Food«, Nahrung für den Frieden. Es gab zwar schon lange Reformhäuser mit einem vegetarischen Nahrungsangebot, aber in den 1970er-Jahren interessierten sich immer mehr Menschen für diese Themen. Sie sahen ein, dass auch und gerade eine biologische Landwirtschaft und vegetarisches Essen eine mögliche Lebensmittelknappheit und den Kampf um Ressourcen verhindern oder verringern können und so eine wachsende

Bevölkerung besser und nachhaltiger versorgen als eine industrielle und monokulturelle Landwirtschaft in Großbetrieben.

Nachkriegs-Mantra: Hauptsache satt!

Nach der Hungererfahrung im und nach dem Zweiten Weltkrieg war es verständlich, dass überall in Europa versucht wurde, mit Großbetrieben in Landwirtschaft und Tierhaltung dem Wunsch nach Nahrungssicherheit nachzukommen. Auf Dauer zerstören diese nur auf Wirtschaftlichkeit ausgerichteten Großbetriebe aber nicht nur Landschaft, Natur und den sozialen Zusammenhalt auf dem Land, sondern auch die Gesundheit von Mensch und Tier.

Mit Beginn der Corona-Pandemie im Frühjahr 2020 wurden die Schattenseiten der Globalisierung am Beispiel der Störung der Lieferketten wieder einmal sehr deutlich. Der völkerrechtswidrige Krieg der Russischen Union gegen die Ukraine ab dem 24. Februar 2022 unterbrach schlagartig die Lieferungen von Getreide, Phosphaten und vielen lebensnotwendigen Gütern nach Europa und in den globalen Süden, und viele Menschen leiden seither noch mehr an Hunger, obwohl es genügend Getreide auf der Welt gibt.

Es liegt auf der Hand: Die übergroße Abhängigkeit vieler Länder vom globalen Nahrungs- und Warentransport verstärkt in einigen Regionen die Folgen des Klimawandels dramatisch. Zusammen mit politischen Krisen und lokalen Kriegen u. a. in einigen Ländern Afrikas hat dies große Auswirkungen auf die Gesundheit vieler Menschen. Auch hier können regionale Ansätze sehr viel Heilsames bewirken, und viele lokale Initiativen und NGOs setzen sich dafür ein. Doch zurück zu unserem Leben im vergleichsweise sehr wohlhabenden Europa.

Selbstverantwortung, Vorbilder und gute Begleitung

Die große Frage ist, was wir selbst und was lokale Beziehungen zu unserer Gesundheit beitragen können. Auch hier reicht es nicht, kluge Bücher zum Thema zu lesen oder Gesundheitstipps im Internet zu sammeln. Wir brauchen Menschen, von denen wir eine möglichst gesunde Lebensführung lernen und mit denen wir sie teilen können. Menschen sind und bleiben in vielen Bereichen Gewohnheitstiere, auch wenn sie eine Überfülle von »richtigen« Informationen haben.

Es braucht nicht nur ein intellektuelles Wissen über Gesundheit, sondern ein *performatives* Wissen: ein Wissen, das wir umsetzen und im Alltag leben können. Auch im Umland von Berlin bieten verschiedene Supermarktketten und Discounter seit Jahren auch regionale und biologisch erzeugte Lebensmittel an. Es ist wie immer in Politik, Wirtschaft und Gesellschaft, in Kultur und Religion: Die Nachfrage schafft das Angebot. Wir können uns also vor allem regional und lokal für unsere Gesundheit einsetzen.

Als ich im Frühjahr 1993 in das kleine Brandenburger Dorf bei Berlin zog, brauchte ich eine neue Ärztin. Ich hatte großes Glück und fand in der nächsten Stadt, zu der unser Dorf gehört, eine Diplom-Medizinerin und Fachärztin für Allgemeinmedizin mit einer breiten Kenntnis in Psychosomatik, Naturheilverfahren und sogar Akupunktur. Wir vermissen uns beide sehr, seitdem ich in den Schwarzwald gezogen bin, denn wir schätzten nicht nur den Austausch über die Bedingungen von körperlichen Beschwerden und ihrer Heilung, sondern auch über die Zusammenhänge von körperlichem und psychischem Befinden und die Bedeutung von Meditation und Zuversicht für ein gutes Immunsystem. Dies überraschte mich nicht wirklich, denn in ihrem Sprechzimmer steht seit vielen Jahren eine Buddha-Statue.

Um nach einer Krankheit gesund zu werden und es auch möglichst lange zu bleiben, brauchen wir Menschen und vor allem eine Ärztin, der wir vertrauen und mit der wir offen über alle Fragen sprechen können. Wir brauchen ein Grundwissen über gesunde Ernährung, das wir im besten Fall von Menschen gelernt haben und lernen. Ich bin meiner Familie und Freundinnen, Nachbarinnen und Arbeitskollegen und auch dem Personal in Bioläden und Apotheken sehr dankbar, dass sie mich seit Jahrzehnten mit ihren Erfahrungen inspiriert und bei kleineren Beschwerden auch gut beraten haben und weiter beraten. Wir tragen Verantwortung für unseren Lebensstil. Wir wissen im Prinzip, dass gesunde Ernährung, genügend Bewegung und ausreichend Schlaf, eine gute Balance von Arbeit und Ruhe, geistige Interessen und vertraute Beziehungen sehr viel zu unserer Gesundheit beitragen. Aber selbst wenn diese Bedingungen mehr oder weniger gegeben sind, können wir krank werden.

Drei universelle Erfahrungen und Acht Arten des Leidens

Der Buddha sprach von drei universellen Erfahrungen, die er die Drei Daseinsmerkmale nannte: *Leiden, Unbeständigkeit* und *Nicht-Ich,* Sanskrit *dukkha, anicca, anatta.* Sie gehören zum Leben dazu und sind kein Unfall und kein Fehler. Das ist Buddhas Antwort auf die große Frage: Warum gibt es Leiden? Für ihn gehört das natürliche Leiden zum Leben, weil alle Bedingungen im Außen und in uns unbeständig sind und so komplex, dass wir das Leben nie völlig in den Griff bekommen können.

Der recht technische und leicht missverständliche Begriff Nicht-Ich, *anatta,* negiert das Ichgefühl nicht, will aber darauf hinweisen, dass es keine fassbare Instanz in uns oder im Außen gibt, die Erfahrungen besitzt und daher auch kontrollieren könnte. Es gibt natürlich ein Ichgefühl, aber noch kein Hirnforscher hat einen Ort im Gehirn gefunden, wo man ein fassbares Ich lokalisieren könnte. Der Buddhismus beschreibt das Ichgefühl als »bloße Benennung« auf der Grundlage fünf unterschiedlicher Haufen, Sanskrit *skandha,* von Erfahrungen: 1. Körperliches, 2. Grundgefühle und reaktive Emotionen, 3. Begriffe und fassbares Wissen, 4. Gewohnheitsmuster und kulturelle Wahrnehmungsweisen, und 5. Bewusstsein.[13]

Wir schaffen zusätzliches Leiden, wenn wir die Drei Daseinsmerkmale *Leiden, Unbeständigkeit* und *Nicht-Ich oder Unkontrollierbarkeit* ignorieren oder leugnen. Dass es Leiden und Unbeständigkeit gibt, können viele Menschen akzeptieren, denn es ist ihre Lebenserfahrung. Die große Hoffnung der Moderne war und ist wohl immer noch, dass Industrie und Technik zusammen mit der sogenannten Künstlichen Intelligenz alle Bereiche des Lebens in den Griff bekommen könnten. Ich glaube das nicht. Mal schauen, was die Zukunft bringt.

Zum *natürlichen* Leiden gehören für den Buddha vor allem acht Erfahrungen, die acht Arten des Leidens: Geburt, Alter, Krankheit und Tod; verlieren, was man liebt; nicht bekommen, was man will; bekommen und erleben, was man nicht will; und schließlich nie sicher sein vor Leiden, auch wenn gerade alles gut läuft. Ich halte das für eine sehr bodenständige und realistische Beschreibung meiner Lebenserfahrungen und der meiner Mitmenschen.

Wir können alles ethisch und sozial Verträgliche dafür tun, die vielen Varianten des natürlichen Leidens zu verringern und abzufedern, aber wir müssen damit so umgehen lernen, dass wir durch unser Verhalten nicht noch mehr Leiden schaffen. Das wäre sonst aus Sicht des Buddha *zusätzliches* Leiden. Wir können es durch kluges und mitfühlendes Handeln, durch Geduld und Einsicht verringern oder ganz vermeiden. Sofern wir das wollen und immer wieder einüben.

Die Vier Himmelsboten: Alter, Krankheit, Tod und der spirituelle Weg

Die Legende vom Leben des Siddhartha Gautama, der später zum Buddha, zum Erwachten, wurde, erzählt von der Voraussage des blinden Sehers Asita, der den Eltern bei seiner Geburt weissagte, dieser Sohn werde entweder ein Weltenherrscher oder ein großer spiritueller Lehrer. Sein Vater sorgte für ein behütetes Leben im Luxus des Fürstenhofes. Er wollte ihn damit vor der Begegnung mit alten und kranken Menschen und Verstorbenen schützen, damit er sein Nachfolger würde und nicht in Versuchung geriete, das Leben eines Wanderasketen zu führen, was einige junge Männer im Indien des 5. Jh. v. Chr. sehr anziehend fanden.

Als der Fürstensohn Ende zwanzig war, trieb ihn wohl seine Sehnsucht nach dem wirklichen Leben außerhalb des Palastes dazu, mit einem Begleiter einen Ausritt zu machen. Bald sahen sie auf der Straße einen alten Menschen, dann einen Kranken und schließlich einen Toten auf einer Bahre. Siddhartha fragte seinen Begleiter, warum diese Menschen so elend aussehen und ob das auch sein Schicksal sei. Sein Begleiter bejahte das natürlich.

Die vierte Begegnung war mit einem lächelnden Asketen mit Bettelschale und Wanderstab. Auf seine Frage erklärte sein Begleiter dem Buddha-in-spe, dass dieser Mann den Frieden des Herzens in einem einfachen Leben in der Natur suche und das Lebensnotwendige durch Almosen und Nahrungsspenden von gütigen Mitmenschen bekomme. Die Buddha-Legende nennt diese vier Erfahrungen die vier Himmelsboten. Sie zeigten Siddhartha drei der acht Arten des Leidens – Alter, Krankheit und Tod –, und der vierte Bote wies ihm den Weg heraus aus der Verzweiflung darüber und inspirierte ihn zu einem spirituellen Leben. Daraufhin ritt Siddhartha noch einmal zurück in den Palast, nahm in der Stille der Nacht Abschied von seinem Sohn Rahula, wörtlich die Fessel, von seiner Frau Yasodhara und seinen vielen Nebenfrauen im Harem. Dann verließ er den Palast endgültig und zog in die Fremde und führte sieben Jahre lang, bis zu seinem Erwachen mit etwa 35 Jahren, ein Leben als Wanderasket.

Vom Sinn des Lebens

Legenden und Geschichten dieser Art bringen Erfahrungen auf den Punkt. Sie wollen und sollen uns nicht zu blinder Nachahmung auffordern, sondern zum Nachdenken über den Sinn unseres Lebens anregen. Was ist wirklich wichtig, wenn natürliches Leiden zum Leben gehört, weil alles unbeständig ist und wir uns, die anderen und die Welt nie völlig kontrollieren können? Wäre es nicht wichtig, mit diesen universellen Erfahrungen des Lebens liebevoll und angemessen umgehen zu lernen?

Als die Berliner Einrichtung, an der ich 1973 bis 1977 Deutsch als Fremdsprache unterrichtete, mir nach Jahren von Werkverträgen eine feste Stelle als pädagogische Leiterin für diese Kurse anbot, war mir nach wenigen Tagen klar: Nein. Mein »weltliches« Leben war gut. Ich hatte eine sinnvolle Arbeit, mit der ich genügend Geld verdiente, teilte eine schöne Altbauwohnung mit einer guten Freundin, hatte viele Freundinnen und Freunde, war Teil einer lebendigen Frauen-Rock-Band, liebte Rilke-Gedichte, Bachkantaten und Erzählungen von Hermann Hesse und vieles mehr, und spürte trotz allem, dass etwas Wesentliches in meinem Leben fehlte.

Was mir fehlte, wusste ich damals nicht. Ich fand es nach einer dreiwöchigen China-Reise im Sommer 1977 im nordindischen Dharamsala in den Lehren des Tibetischen Mahayana-Buddhismus, dem großen (*maha*) Fahrzeug (*yana*). Der tibetische Lama sprach in seinen Vorträgen über Shantidevas Lehrgedicht *Bodhicaryavatara* (*Eintritt in das Leben zur Erleuchtung*), eine Vers-Sammlung über den Weg der Bodhisattvas, ein Leben zum Wohle aller zu führen. Danach hatte ich, ohne es zu wissen, mein Leben lang gesucht. Dieser Weg ist nicht einfach, und wir können ihn nie zu Ende gehen, denn eine einzelne Person kann nie zum Wohle aller leben. Wir können aber mit dieser Haltung leben lernen.

Diese allumfassende menschenfreundliche und weltbezogene Haltung gab und gibt mir einen Horizont, der mir hilft, mit Selbstvertrauen und Zuversicht, mit Mitgefühl, Geduld und Bescheidenheit zu leben – mitten im Auf und Ab des wilden Alltags, mit Krisen und Umbrüchen und mit allen Arten des Leidens. Dieser Weg ist der Boden und der Grund meines Lebens. Er trägt mich, was auch geschieht, und hilft mir, Leiden, Unbeständigkeit und Widersprüche anzunehmen und es auszuhalten, dass ich mein Leben nie völlig in den Griff bekomme.

Wir können besser mit Alter, Krankheit, Sterben und Tod umgehen, wenn wir sie als Teil des natürlichen Lebens betrachten und nicht als Störung, Fehler oder Unfall. Sie sind nicht Schicksal in dem Sinn, dass wir ihnen hilflos ausgeliefert sind, weil uns bestimmte Erfahrungen »geschickt« werden, die wir ergeben zu tragen haben. Das sehe ich nicht so, und meine Lebenserfahrung sagt mir, dass meine Erwartungen ans Leben und die Art und Weise, wie ich mit schwierigen Erfahrungen umgehe, sehr viel mehr zu meinem Lebensgefühl beitragen, als die jeweilige Erfahrung selbst.

Wir können alles, was ethisch und sozial vertretbar ist, tun, um Leiden abzumildern und zu erleichtern. Wir können durch eine freundliche und liebevolle, mitfühlende und gelassene Haltung gegenüber unseren Erfahrungen und denen der anderen viel zusätzliches Leiden verhindern oder zumindest verringern. Aber das müssen wir einüben, und das tun wir nur, wenn wir es mit Leib und Seele wollen. Es war schon früher nicht leicht, das natürliche Leiden, das zum Leben dazugehört, anzunehmen. Im Einklang mit dem Zeitgeist fordern viele Menschen heutzutage Fitness forever und rund um die Uhr, und es gibt nach dem Gesetz von Angebot und Nachfrage auch Trainerinnen und Coaches, Seminare und Institute, die uns genau dies versprechen.

In manchen Szenen gilt es geradezu als unverantwortlich, wenn man es nicht anstrebt, auch im Rentneralter immer gesund und munter und geradezu unkaputtbar zu bleiben. Im Silicon Valley gibt es sogar ein Institut, das Menschen mit Krankheiten anbietet, sich so lange einfrieren zu lassen, bis man ihre Krankheit heilen kann. Das können sich natürlich nur sehr wohlhabende Menschen leisten. Aber will ich das wirklich? Mir leuchtet dagegen sehr ein, dass Zuversicht und ein spiritueller Weg zwei wichtige Faktoren sind für ein gutes Leben. Sie stärken das Immunsystem und ermutigen zu einem mitfühlenden und gelassenen Umgehen mit den natürlichen Leiden des Lebens.

Offene Fragen: Alter und Krankheit

Schon seit vielen Jahren, aber besonders seit ich die Generation meiner Eltern und Verwandten, die in den 1920er- und 1930er-Jahren geboren wurden, im Altwerden ganz direkt erlebt habe, beschäftigt mich die große Frage der Alterspyramide in europäischen Gesellschaften und das beschleunigte Bevölkerungswachstum überall. Die Fortschritte in Medizin und Landwirtschaft haben in den Ländern des globalen Südens sehr viel zu einer absurd schnellen Vermehrung der Bevölkerung beigetragen. Und die Fortschritte der Medizin führen dazu, dass Menschen in wohlhabenden Ländern immer älter werden. Allerdings altern nicht alle gesund und munter, sondern immer mehr erleben beides parallel: Alter und Krankheit. Die alte Frage bei gestiegenen Kosten ist: Wer soll das bezahlen? Wer hat so viel Geld?

Sollen und können Rentenkassen und unser Gesundheitssystem das allein aus Steuereinnahmen und Krankenkassenbeiträgen von Betrieben, Selbstständigen und der arbeitenden Bevölkerung finanzieren? Es gibt unterschiedliche Antworten und Vorschläge, aber Demokratie bedeutet, dass alle beteiligten Gruppen das miteinander aushandeln müssen. Es gibt nicht den einen und objektiv richtigen Masterplan, der alle völlig zufriedenstellt, sondern nur Kompromisse, bei denen alle auch auf etwas verzichten sollten und müssen. Dazu sind Menschen eher bereit, wenn sie einander kennen, achten und immer wieder miteinander reden. Damit das nicht in Streit und Vorwürfen endet, müssen sie lernen, sich in die Perspektive von anderen hineinzuversetzen. Das ist einfacher, wenn man sich lange kennt und auf guten Erfahrungen miteinander aufbauen kann.

Sehr kontroverse Meinungen gibt es, wenn es um politische Entscheidungen z. B. über Mindestlöhne, Krankenkassenbeiträge oder um die Höhe der Renten geht. Hier können Erfahrungen aus dem privaten und regionalen Kontext vielleicht wichtige Impulse geben. Ich sympathisiere sehr mit lokalen Bürgerräten, die strittige Fragen offen besprechen können und wollen. Wenn die Mitglieder per Los aus unterschiedlichen Bevölkerungsgruppen ausgewählt werden, könnten sie ein gutes Stimmungsbild geben und Menschen dabei unterstützen, unterschiedliche Perspektiven wahr- und ernst zu nehmen.

Auch mit Alter, Krankheit und Sterben können wir besser umgehen, wenn wir regelmäßig mit Menschen mit unterschiedlichen Erfahrungen zu tun haben. In der Familie und im Freundeskreis, mit vertrauten Ärztinnen und in der Nachbarschaft, auf der Arbeit und beim Sport, in der Kirchengemeinde oder Meditationsgruppe. Vier Beziehungssäulen – traditionell Familie, Nachbarschaft, Arbeit und Gemeinde genannt – stärken unser Immunsystem und stehen uns bei Krankheiten bei. Beides brauchen wir, wenn wir jung und gesund sind, und ganz besonders, wenn wir älter werden und vielleicht krank sind.

Mehrgenerationen-Projekte und andere Ideen

Ich hoffe, dass sich das alte Modell der Genossenschaftswohnungen und das neue Modell der Mehrgenerationen-Wohnprojekte noch viel mehr durchsetzt und auch von privaten und staatlichen Stellen gefördert und unterstützt wird. Ein paar Bekannte von mir wohnen in solchen Projekten in Berlin und Hamburg, und einige habe ich besucht. Gerade die Älteren erzählen mir, dass schon allein die Tatsache, dass sie im Hinterhof die Stimmen von Kindern hören, ihre Lebensgeister weckt. Einige bieten Nachhilfe für Schulkinder an oder passen auf die Kleinen auf, wenn der Kindergarten Ferien hat. Leider war das in der Corona-Zeit nicht möglich, aber jetzt geht es wieder. Auch in altersgemischten Projekten werden die Älteren natürlich immer älter, und auch die mittlere Generation wird einmal alt. Aber es wird auch wieder einmal Platz für die junge Generation geben, denn einige ältere Mitbewohner werden ins Altenheim oder in die Senioren-Residenz wechseln – oder sterben.

Seit Jahrzehnten höre und lese ich von unterschiedlichen Modellprojekten, in denen sich ältere und pflegebedürftige Menschen geeignete Wohnungen teilen oder in kleinen Wohnungen auf derselben Etage wohnen und von einer Sozialarbeiterin im Haus oder in der Nähe betreut werden. Auch diesem Modell wünsche ich weitere Verbreitung und Erfolg. Es bietet die Möglichkeit für regelmäßige und niederschwellige Kontakte, und diese Lebensform ist nach Aussagen ihrer Betreiberinnen und Förderer wesentlich kostengünstiger als Altenheime.

Vor etwa zwanzig Jahren schaute ich mit Freundinnen in der nächsten Kleinstadt ein Altersheim für die Mutter einer Freundin an. Es hatte drei Flügel mit mehreren Etagen. Auf jeder Etage lebten zehn alte Damen oder Herren in einer Einzimmerwohnung und Paare konnten sich eine kleine Zweizimmerwohnung teilen. Auf jeder Etage gab es einen großen Wohn- und Essbereich und einen Raum für die Betreuerinnen, den sich eine Sozialarbeiterin im Wechsel mit einer Altenpflegerin teilte. Sie wurden unterstützt durch Ehrenamtliche, die mit den alten Damen und Herren malten und bastelten, ihnen vorlasen oder einfach plauderten. Dieses Heim fand ich gemütlich und auf die Bedürfnisse der Bewohnerinnen abgestimmt. Die Mutter der Freundin zog aber lieber in eine Berliner Einrichtung, denn sie war in Berlin aufgewachsen und in der Nähe gab es einen schönen kleinen Park.

Die Alterspyramide steht kopf

Lange war die Verteilung von Alt und Jung eine Pyramide. Es gab mehr junge Leute als alte, und im globalen Süden ist das immer noch so. Jetzt steht die Pyramide in vielen Ländern Europas (und in China) auf dem Kopf. Können wir die sich daraus ergebende Krise des Gesundheits- und Rentensystems als Chance nutzen und neue Modelle des Zusammenlebens und der Nachbarschaftshilfe erfinden und schaffen? Das sind große Fragen ohne eindeutige Antworten, die für alle stimmen und passen.

Wir tragen Verantwortung für unsere Gesundheit und sollten uns gemeinsam mit anderen Menschen für gute Bedingungen einsetzen, damit möglichst viele Menschen einigermaßen gesund leben können. Mehr als schlaue Sprüche und Vorwürfe, Druck und Provokation hilft allerdings das eigene Beispiel. Menschen brauchen Vorbilder, aber alle zusammen brauchen wir vor allem viel Geduld und Humor.

Es gibt seit 2021 heiße Diskussionen über die Wiedereinführung eines mehr oder weniger freiwilligen sozialen Jahres, für junge Leute und vielleicht auch für die Generation der rüstigen Rentnerinnen und Pensionäre. Vielleicht ist auch die Kombination einer Reduzierung der Wochenarbeitszeit ab Ende fünfzig in bestimmten körperlich und emotional anstrengenden Berufen mit einer Verlängerung der Lebensarbeitszeit und dem Verschieben des Renteneintritts eine Chance für Wirtschaft, Staat und Gesellschaft in Umbruchzeiten?

Ich wünsche uns allen den Mut, viele dieser Modelle auch regional auszuprobieren und zu schauen, für welche Menschen welches Modell passt. Wie schon häufig betont, glaube ich nicht an Masterpläne und Einheitsmodelle für alle. Menschen sind und bleiben verschieden und das ist auch gut so. Das Leben wäre sonst sehr langweilig.

Die Erde auf Erden

Wenn ich bemerke, dass ich mit bestimmten Veränderungen hadere, dann brauche ich mir nur ein, zwei Minuten lang vorzustellen, dass ab sofort alles gleich bleibt. Nichts verändert sich mehr. Wir sitzen für die nächste Woche oder die nächsten zehn Jahre auf demselben Stuhl oder Sofa oder stehen im Supermarkt an der Kasse und fühlen uns genauso wie jetzt gerade. Wäre das nicht die Hölle auf Erden?

Statt mir in schwierigen Situationen den Himmel auf Erden vorzustellen, weil ich meine Situation als Hölle auf Erden interpretiere, lerne ich lieber, inspiriert von Odo Marquard, mit der Erde auf Erden klarzukommen.[14] Und dazu braucht es neben Geduld und Humor sehr viel Zuversicht. Dabei können uns ein spiritueller Weg oder gemeinsam gelebte universelle Werte unterstützen. Und darum geht es im nächsten Kapitel.

8. Gemeinsame Werte, Kultur und Politik

Selber denken und die Grenzen des Denkens

In Kapitel 6, »Arbeit und Muße«, habe ich schon auf den Unterschied zwischen der Vita activa und der Vita contemplativa, zwischen dem aktiven und dem kontemplativen Leben, kurz hingewiesen. Im aktiven Leben nutzen wir vor allem den Verstand. Wir handeln ziel- und zweckorientiert und benutzen bestimmte Mittel, um erwünschte Ergebnisse zu erreichen. Durch die Industrialisierung haben wir mit Hilfe angewandter Naturwissenschaften und Technik große messbare Erfolge erzielt und materiellen Wohlstand für einige und in manchen Regionen auch für viele geschaffen.

Auch aus diesem Grund orientieren sich die modernen Geisteswissenschaften – Philosophie und Geschichte, Sprach- und Literaturwissenschaften, ja sogar Religions- und Kulturwissenschaften – mehr und mehr an diesem Modell und interpretieren die vielen Facetten des Lebens – Beziehungen und Natur, Kunst und Literatur, Kultur und Religion – sehr reduktiv vor allem in ihrer *Funktion* für das materielle Leben der Menschen. Moderne Quantenphysik oder Astronomie sind im Unterschied dazu nicht reduktiv, sondern Ausdruck von Erkenntnisdrang, wenn auch mit anderen Mitteln als die Philosophie. Sie sehen und betonen sehr deutlich die Grenzen ihres Wissens. Aber das findet wenig Eingang in das Alltagsdenken.[15]

Leider haben die Menschen der industriellen Moderne mit ihrem ziel- und zweckorientierten Ansatz die natürlichen Ressourcen der Erde rücksichtslos ausgebeutet, und wir tun das weiterhin wider besseres Wissen. Und nicht nur Natur und Klima leiden unter diesem Ansatz. Viele Menschen wissen nicht mehr, warum und wozu sie leben. Und je weniger Sinn sie in ihrem Leben finden, desto eher lassen sie sich ablenken und durch Scheinlösungen wie z. B. Informationsüberfülle und Ablenkungen, Konsum und Ideologien verführen.

Leider bieten auch die modernen sogenannten »Geistes«-

wissenschaften in Gestalt von Kultur, Literatur und Kunst kaum noch Orientierung für diese Sinnkrise. Viele Menschen sind vollauf beschäftigt mit Jammern und Klagen oder mit egozentrischen Freiheitsparolen. Und leider stecken die christlichen Kirchen zu sehr in ihren eigenen Krisen, so dass sie kaum noch den Mut haben, an die große Botschaft von Gottvertrauen und Nächstenliebe zu erinnern und sie in ihren Räumen, Festen und Liturgien lebendig werden zu lassen.

Die Suche nach dem mühelosen und freiheitsseligen *Himmel auf Erden* mit Hilfe von Konsum, Technik und Digitalisierung blockiert den konkreten und mühevollen Einsatz für die unvollkommene *Erde auf Erden*, deren Bedingungen wir gemeinsam aushandeln und aushalten lernen müssen.[16] Und das können und wollen wir nach meiner Erfahrung nur lernen, wenn wir die Grenzen des Denkens und Machens entdecken.

Die Grenzen des Denkens und Machens entdecken wir erst, wenn wir die großen Fragen des Lebens zulassen, auch wenn es keine fassbaren und schnellen Antworten gibt: nach dem Woher und Wohin, nach Sinn und Bedeutung von Leben und Tod, von Gut und Böse, Glück und Leiden, Schuld und Vergebung usw. Menschen sind mehr als biologische Maschinen, viel mehr als unser Verstand begreifen und messen kann. Leben ist zu komplex für den Verstand, denn der versteht nur die Modelle, die er selbst gemacht hat.[17]

Verstand und Vernunft

Auch aus diesem Grund unterscheiden der Philosoph Immanuel Kant und meine Lieblingsphilosophin Hannah Arendt immer und immer wieder den auf Ziele und Zwecke ausgerichteten *Verstand* auf der einen Seite und die *Vernunft*, die die *Grenzen* des Verstandes erkennen will und annehmen kann, auf der anderen. Und genau diese Einsicht in die Grenzen unseres Wissens und Könnens brauchen wir, um nicht zu verzweifeln, wenn das Leben schwierig wird und wenn wir die Fülle des Lebens entdecken wollen.[18]

Wie können wir die Grenzen des Verstandes entdecken? Die europäische Tradition betont seit der griechischen Antike den hohen Wert des Selberdenkens, und dazu brauchen wir Muße, d. h. Zeit frei von äußeren und inneren Zwängen. Aber sie weist auch auf religiöse Praktiken hin. Was ist damit gemeint? Und was davon ist Menschen von heute noch oder wieder zugänglich?

Natürlich führt eine erste Einsicht in die Grenzen des Denkens und Wissens nicht sofort zu tiefem Vertrauen ins Große Ganze. Wie in Kapitel 3, »Demokratie und Werte«, unter dem Stichwort »Drei Arten des Lernens und Vertrauens« beschrieben, braucht es dafür auch und vor allem Vertrauen in andere und in uns selbst.

Die regelmäßige Meditation mit Momenten des Innehaltens und der Stille allein und mit anderen, und zwar mit kompetenter und regelmäßiger Begleitung, kann öffnen für die Dimension jenseits von Worten und Begriffen, von Zeit und Raum, eine Dimension, die uns trägt, was auch geschieht. Das können wir zwar nicht erzwingen, aber uns durch ein lebendiges Gemeindeleben darauf einstimmen, in den Worten von Mircea Eliade: an heiligen Orten, zu heiligen Zeiten und mit heiligen Texten oder Liturgien.

Es ist allerdings sehr viel einfacher, sich ab und zu von *äußeren* Zwängen, Verpflichtungen und Anliegen zu befreien. Wenn uns das ab und zu gelingt, schaffen und entdecken wir potenziell den Raum, in dem wir die vielfältigen *inneren* Zwänge – Meinungen und Vorurteile, Ängste und Befürchtungen, reaktive Emotionen und eingefahrene Verhaltensmuster – bemerken lernen. Dieser Prozess ist nicht nur angenehm und auch nie abgeschlossen. Auch aus diesem Grund brauchen wir inspirierende Vorbilder und die Begegnung und den Austausch mit anderen Menschen. Mehr dazu in Kapitel 10, in dem ich über Ressourcen und Übungen spreche.

Religion, säkulare Ethik und humanistische Werte

> Was du nicht willst, das man dir tu', das füg' auch keinem andern zu.
>
> DIE GOLDENE REGEL

Bis zur Aufklärung war in Europa vor allem das Christentum zuständig für Sinn, Ethik und Moral und für alles, was die Menschen nicht mit ihren fünf Sinnen und dem Verstand begreifen konnten. Und selbst der Begründer der modernen europäischen Philosophie, Immanuel Kant, hielt die Frage nach Gott und Transzendenz nicht für beantwortbar, denn Gott und Transzendenz kann man seiner Meinung nach durch menschliches Wissen weder beweisen noch widerlegen. Wie viele Philosophen und Wissenschaftler seiner Zeit konnte und wollte er mit der »Hypothese Gott« leben. Alle Bilder und Begriffe für das Unfassbare – für Kant waren das Freiheit, Unsterblichkeit und Gott – sind nach einem eindrücklichen Gleichnis aus dem japanischen Zen-Buddhismus lediglich Finger, die auf den Mond zeigen.

Die Symbolfigur des Tibetischen Buddhismus, der XIV. Dalai Lama, lebt seit seiner Flucht aus Tibet 1959 im nordindischen Exil, und er betont seit über drei Jahrzehnten, dass wir für ein ethisches Leben keine Religion brauchen. Er spricht von säkularer Ethik. Ihre Essenz ist die wohlbekannte Goldene Regel: »Was du nicht willst, das man dir tu', das füg' auch keinem anderen zu.« Wie man das umsetzt, lernen wir immer wieder neu im Zusammenleben mit anderen. Nach Karl Jaspers wurde die »Goldene Regel« von Menschen in mindestens vier großen Kulturräumen – China, Indien, Nahost und Griechenland – entdeckt, in der Achsenzeit, im 1. Jahrtausend v. Chr. (vgl. Kapitel 3, »Demokratie und Werte«).

Für die Mehrheit der Menschen auf dieser Erde spielt Religion immer noch eine wichtige Rolle. Sie tröstet, gibt Orientierung für ein ethisches Leben und bietet und schenkt mit ihrer Gemeinschaftsstruktur auch ein Gefühl von Zugehörigkeit und Geborgenheit. Immer noch ist trotz des säkularen Mainstreams und aller alten und neuen Kirchenkrisen sogar in Deutschland immer noch knapp die Hälfte der Bevölkerung Mitglied einer christlichen Kirche.

Leider sind verunsicherte Menschen mit religiöser Bindung meist keine guten Vorbilder, denn sie neigen dazu, ihre religiösen Schriften wörtlich zu interpretieren. Das ist kein Rückfall in die gute alte Zeit, die es so nie gab, sondern eine moderne Erscheinung.[19] Je weniger wir die religiöse Dimension im Alltag und in unseren Beziehungen erleben, desto weniger verstehen wir ihre symbolische Tiefe, die Herz und Geist öffnen und tiefes Vertrauen wecken kann.

Wir fixieren uns stattdessen auf Worte und Begriffe und geraten so schnell in Konflikte auch mit Menschen aus unserem Kulturraum, die sie anders interpretieren. Verunsicherte Menschen suchen fassbare und eindeutige Wahrheiten und lehnen andere Perspektiven und Religionen ab. Nach Jean Gebser wird das rationale Bewusstsein in der Moderne defizient und blockiert einen ganzheitlichen Zugang zum Leben und zur Natur, zu Poesie und religiösen Aussagen.[20]

Brauchen wir im 21. Jahrhundert noch Religion für den Zusammenhalt der Gesellschaft? Ja und nein. Ich halte die Trennung von Staat und Kirche für eine wichtige Errungenschaft einer liberalen Demokratie, denn sie gibt beiden, dem säkularen Staat und den religiösen Gemeinschaften, mehr Raum für ihre ureigenen Aufgaben.

Ich habe trotz aller Spaltungstendenzen in vielen Ländern Europas die Hoffnung noch nicht aufgegeben, dass Menschen mit unterschiedlichen Wertebindungen miteinander auskommen können. Die Achtung von Menschenwürde und Menschenrechten, von Gewaltenteilung und Rechtsstaat, von demokratischen Wahlen und einem zivilisierten Umgehen miteinander können und sollten die gemeinsame Grundlage für ein Zusammenleben mit allen Unterschieden sein.

Seit Anfang der 1980er-Jahre engagiere ich mich im christlich-buddhistischen Dialog. In den frühen 1990er-Jahren gab es auch fruchtbare Begegnungen mit Vertretern des Islam in Berlin. Und als Frau der 1968er-Generation mit Interesse für Politik und Geschichte kann und will ich in meinen Büchern und Vorträgen über buddhistische Themen religiöse und spirituelle Inhalte kulturell übersetzen, auch für säkular denkende Menschen unserer Zeit.

Leider gibt es auch in meinem Bekanntenkreis alte Linke und radikale Atheisten mit einer heftigen Aversion gegen Religion, denn sie »glauben« ernsthaft, dass die Welt ohne Religionen sehr viel friedlicher wäre. Das glaube ich nicht. Solange wir Feindbilder haben, gibt es nur wenige Chancen für Frieden in uns selbst und mit anderen, gleichgültig mit welchen psychologischen und sozialen, religiösen oder politischen Scheinargumenten wir sie rechtfertigen. Und einen Zugang zum Großen Ganzen finden wir ohne eine Form von religiöser Praxis, die uns jenseits von Denken und Wissen führen will und kann, nach meiner Erfahrung nicht.

Die Schattenseiten von nur rationalem Denken und von Ideologien

In Kapitel 2, »Leben mit Herz und Verstand«, habe ich vier Dimensionen des Bewusstseins beschrieben: 1. das archaische Einheitsbewusstsein, 2. das magische Bewusstsein der Verbundenheit mit allen und allem, 3. das mythische Bewusstsein, das Symbole und Bilder, Sinn und Bedeutung verstehen kann, und schließlich 4. das notwendige und hilfreiche, aber heute sehr überschätzte rationale und begriffliche Denken, das sehr gerne abstrakte Modelle des wahren und richtigen Lebens entwickelt. Auch für diese vier Bewusstseinsstrukturen gilt: Eines allein scheitert, regrediert und geht langfristig unter. Nur alle vier zusammen geben uns Orientierung im Auf und Ab des Alltags und ermöglichen ein Leben in Fülle.

Leider verführt uns die Dominanz des rational-begrifflichen Denkens zum Glauben, dass der Verstand alles besser weiß und auch in den Griff bekommen kann, und zwar mit effizienten Techniken und einfachen linearen Masterplänen »von oben«. Technische Modelle sind in der Regel gut verständlich und meist eindeutig. Das Festhalten an solchen Vorstellungen nennt man seit über hundert Jahren »Ideologie«.

Zwar reflektieren z. B. die moderne Systemtheorie und die Quantenphysik die Komplexität des Lebens auf hohem Niveau, und ihre besten Vertreter wissen um die Grenzen des Denkens. Aber das scheint wenig Auswirkungen auf das Gros der Gesellschaftswissenschaften und noch weniger auf die aktuelle Politik zu haben. Komplexität ist eben komplex und sperrt sich gegen eindeutige Aussagen und Ansagen.

In den aktuellen Diskussionen über Chancen und Risiken der sogenannten Künstlichen Intelligenz fehlt mir die klare Unterscheidung zwischen Rechnen und Messen, was KI offensichtlich gut kann, und der vielschichtigen und komplexen Intelligenz von Menschen mit Herz und Verstand. KI hat weder Gefühle noch versteht sie diese. Dazu mehr im nächsten Kapitel 9, in dem es um »Herausforderungen und Fallen« geht.

Das rational-begriffliche Denken verführt Menschen durch die großen Erfolge von Techniken und monokausalem Denken leicht zu Hochmut und Tunnelblick. Wenn es die prärationalen Dimensionen des Lebens vernachlässigt, ausblendet oder negiert, wird es zur Technik-Ideologie. Modelle und Ideologien sprechen aber nur den Verstand an, und auch dadurch nimmt die Angst vor einer ungewissen Zukunft zu. Und immer mehr Menschen in modernen Gesellschaften fühlen sich orientierungslos und dadurch anfällig für einfache Erklärungen und Feindbilder.

Leben ist komplex, und die Pandemie-Zeit hat die meisten Menschen völlig überfordert. Das eingestandene Nichtwissen vieler Expertinnen und Wissenschaftler in Sachen Corona erlaubte es kaum, die komplexen Zusammenhänge in einfachen Worten zu vermitteln. Ich vermute, dass auch dies viele Menschen dazu gebracht hat, Schuldige zu suchen, Feindbilder aufzubauen und allerlei Querdenker-Ideologien zu folgen. Ohne Gottvertrauen oder tiefes Vertrauen ins Große Ganze neigen Menschen dazu, sich an einfache Erklärungen zu klammern.

Wenn wir diffuse Ängste in konkrete Feindbilder übersetzen können, entlastet das emotional und gibt uns für eine Weile eine Scheinsicherheit. Das ist ein manchmal notwendiger Überlebensmechanismus, der aber den Zusammenhalt im nahen Umfeld und in der Gesellschaft, in Europa und auch überall auf der Welt auf Dauer gefährdet.

Gelebte Werte

Eine ganz andere Wirkung haben sogenannte »performative« Werte, die wir im Alltag leben lernen wollen und können: Rücksicht und Respekt für Menschen, die nicht zu unseren Leuten, zu Familie und Freundeskreis, Nachbarschaft und Team gehören. Für Menschen, die anders fühlen, reden und denken, aus anderen Regionen und Ländern stammen und vielleicht auch anders aussehen und andere kulturelle Werte leben. Ein respektvolles Umgehen mit »Fremden« beginnt im nahen Umfeld, und wir lernen es idealerweise schon als Kinder. Das ist leichter, wenn wir Werte kennen und im Alltag leben, die das Gemeinsame betonen. Und das beginnt in der Familie und in der Nachbarschaft, in der Region und auf der Arbeit und endet nicht bei einer gemeinsamen Sprache.

Die Achtung der Menschenwürde und der Menschenrechte begann in Europa mit dem Christentum, das alle Menschen als Geschöpfe Gottes sieht, die nach seinem Bild geschaffen wurden.

Das kann dazu inspirieren, alle Menschen als unsere Nächsten zu erkennen und zu achten. Aber auch das können wir nur ganz konkret lernen, wenn wir Menschen, die anders sind als wir selbst, regelmäßig begegnen und Verbundenheit mit ihnen spüren.

Nur wiederholte Begegnungen und langfristige Beziehungen wecken und stärken alle vier Bewusstseinsstrukturen. Diese These wiederhole ich gerne immer und immer wieder, denn die *Vertrautheit* mit bestimmten Haltungen und Sichtweisen stärkt das *Vertrauen* in ihre Bedeutung und damit in ihre Wirkung. Begegnungen mit anderen Menschen öffnen uns nicht nur für ihre Möglichkeiten und Fähigkeiten, sondern können auch uns dazu ermutigen und dabei unterstützen, die eigenen Stärken und Schwächen zu erkennen und klug damit umzugehen. So lernen wir das Gute zu fördern und das zu verringern, was fehlt und uns und andere blockiert und verletzt.

Wir sind viele

Menschen sind vielfältige Wesen mit vielen Anteilen. Hier im deutschsprachigen Raum sind manche katholisch oder evangelisch, einige sind Muslime und eine knappe Mehrheit versteht sich als säkulare Humanisten. Manche sind Mitglieder einer Partei oder einer NGO, einer Nichtregierungsorganisation. Manche akzeptieren andere Perspektiven und manche nur ihre eigene Meinung. Es gibt sogenannte »Biodeutsche« und Migrantinnen, manche sind mehrsprachig oder sprechen Dialekt. Je mehr wir diese Vielfalt in uns selbst und bei anderen wahrnehmen und akzeptieren lernen, desto eher können wir uns zumindest zeitweilig öffnen für Erfahrungen von anderen, die wir manchmal nachvollziehen können und manchmal auch nicht.

Ich bin sehr dankbar für meine badisch-liberal-katholische Kindheit in einem kleinen Schwarzwaldstädtchen. Denn es gab viele Touristen im Sommer, aus Frankreich und England, aus Holland und dem Ruhrgebiet, und viele »Gastarbeiter«. Ich kannte italienische und portugiesische Glasbläser und Fabrikarbeiter, jugoslawische Hausmädchen und Flüchtlinge aus Ostpreußen. Wir Kinder gingen zusammen zur Schule und spielten im Park und auf den

Wiesen am Fluss. Das Leben war bunt, und wir gehörten zusammen.

Der frühe und regelmäßige Kontakt mit Menschen aus unterschiedlichen Schichten, Berufen und Kulturen und mit unterschiedlichen Fähigkeiten, bei der Arbeit und in Vereinen, in der Kirchengemeinde und im Stammlokal, sind eine wunderbare Schule des Lebens. Hier lernen wir, Unterschiede wertzuschätzen und miteinander auszukommen. In unserer Gastwirtschaft spielten Männer zusammen Skat, die ziemlich verschieden waren. Das fiel sogar mir als Jugendliche sehr angenehm auf: Ein Fabrikant, der natürlich CDU wählte, ein Schreiner mit SPD-Parteibuch und ein Beamter, der bei den Freien Wählern mitarbeitete. Manchmal spielte auch meine Mutter mit. Sie wählte damals FDP, weil der Kreistagsabgeordnete, ein Gastwirt aus einer Nachbarstadt, die Lage der kleinen Selbstständigen gut kannte und klug vertreten konnte.

Gleich und verschieden: Recht und Politik und Zivilgesellschaft

Die große Frage der Moderne ist: Was hält eine Gesellschaft nach der Trennung von Thron und Altar, von Staat und Kirche zusammen? Die große Hoffnung der Aufklärung war, dass die Anerkennung der Menschenrechte und die Achtung der Menschenwürde diesen Zusammenhalt sichern.

Jürgen Habermas vermutet, dass der moderne Verfassungsstaat von Voraussetzungen lebt, die er nicht selbst geschaffen hat. Er bezieht sich dabei auf den Theologen Ernst-Wolfgang Böckenförde, der betont, dass Zusammenhalt in Gruppen vor allem durch eine gemeinsame Praxis entsteht, also *performativ*, d. h. durch konkretes gemeinsames Tun.[21] Das geschah und geschieht bis heute am häufigsten und stabilsten in einer religiösen Gemeinde. Die große Frage ist, welche Art gemeinsamer Praxis säkulare Menschen teilen könnten.

Viele Menschen meiner Generation (1940–1955) machten sich in den 1970er-Jahren auf die Suche nach einem lebendigen spirituellen Weg, den ihnen die christlichen Kirchen nicht mehr geben konnten. Auch die Mitarbeit in einer zivilgesellschaftlichen Gruppe, die sich regional und überregional, international und transnational z. B. für soziale Gerechtigkeit oder Klimaschutz einsetzt, kann ein Gefühl der Zugehörigkeit geben. Die große Gefahr bloß begrifflich fassbarer Inhalte oder Ideologien besteht in der Neigung, sich gegen andere Gruppen abzugrenzen, die sich nach ihrer Meinung falsche Ziele setzen und falsche Wege gehen. Dazu neigen auch religiöse fundamentalistische Gruppen sowie alle Menschen, die die symbolische Bedeutung ihrer Heiligen Schriften nicht mehr verstehen, sondern sie wörtlich interpretieren.[22]

Meine Lebenserfahrung hat mich Folgendes gelehrt: Ich habe viele unterschiedliche Erfahrungen, Interessen und Fähigkeiten, und daher kann ich mit unterschiedlichen Menschen auskommen. Ich bin Tochter aus einer Großfamilie mit eigenem Betrieb, politisch interessierte und feministische Buddhistin mit katholischen Wurzeln und ein Schwarzwaldmädel, das lange in Berlin und Brandenburg gelebt hat. Ich schätze Rilke und Bach, liebe Gedichte, Rock- und Folk-Musik und fühle mich auch in Barcelona und Andalusien zu Hause. Mit diesem Hintergrund und Lebensgefühl finde ich immer Anknüpfungspunkte mit anderen Menschen. Durch langjährige Beziehungen und Freundschaften habe ich gelernt, Unterschiede wertzuschätzen und kann auch gut mal fünf gerade sein lassen.

Langfristige Beziehungen fördern Verbundenheit

Ich schätze den kulturphilosophischen Ansatz von Jean Gebser auch aus dem Grund so sehr, weil ich dadurch nach zwei Jahren in Indien 1977–1979 etwas Wesentliches verstanden habe: Meine offene Haltung unterschiedlichen Menschen gegenüber hat nichts mit intellektueller Unklarheit oder mangelnder Fähigkeit, klare Kante zu zeigen, zu tun – was mir in der Studenten- und Frauenbewegung häufig vorgeworfen wurde –, sondern mit meinem tendenziell ganzheitlichen und mehrperspektivischen Blick auf mich und die anderen.

Ich kann mich verbunden fühlen, auch wenn ich eine bestimmte politische Meinung nicht teile oder sogar falsch finde. Ein deutliches Gespür für den gemeinsamen Urgrund und ein tiefes Gefühl der Verbundenheit in der *Einen Welt* tragen dazu bei, dass wir uns auch als Unterschiedliche verständigen und miteinander auskommen wollen und können. Demokratie war für Winston Churchill die »am wenigsten schlechte von allen schlechten Regierungsformen«. Diese Aussage finde ich sehr realistisch. Es gibt keine perfekte Demokratie und es wird sie nie geben, denn Menschen sind und bleiben verschieden: im Denken und Fühlen, von ihrer sozialen und wirtschaftlichen Lage her, in ihren politischen Ansichten und mit unterschiedlichen und vielfältigen kulturellen Interessen. Und genau diese Vielfalt brauchen wir, wenn wir es ernst meinen mit der Menschenwürde und den Menschenrechten.

Jeder Standpunkt ist begrenzt, denn es geht dabei um meine eigene Sicht oder vielleicht um die einer bestimmten Gruppe mit eigenen Interessen. Erst wenn wir die Grenzen unseres Wissens erkennen und akzeptieren, können wir uns öffnen für die Perspektiven anderer. Und dann müssen wir einen für alle Beteiligten tragbaren Kompromiss finden.

Jeder Masterplan ist Ausdruck einer Haltung, die glaubt, es gäbe eine einzige perfekte Lösung für ein bestimmtes Problem. Und er ist oder wird schnell totalitär, weil er *eine* Perspektive, *eine* Sicht der Welt und der Menschen verabsolutiert. Und die, die das anders sehen, werden abgewertet oder verfolgt, bestraft und eingesperrt, wie wir in allen sogenannten Volksdemokratien und totalitären Staaten sehen. Und in demokratischen Staaten werden Menschen, die auf Kompromisse setzen, inzwischen häufig ausgelacht oder der Naivität und Prinzipienlosigkeit verdächtigt.

Noch einmal: Gleich und verschieden

Hannah Arendt interpretiert das Paradox von Gleichheit und Verschiedenheit ganz praktisch mit einer für mich sehr wichtigen Unterscheidung: Recht und Politik sind der Bereich der *Gleichheit*. Zumindest ist das der Anspruch moderner Verfassungsstaaten. Vor dem Gesetz und bei Wahlen sind, ab einem bestimmten Alter, alle gleich. Die Zivilgesellschaft ist dagegen der Raum für *Unterschiede*. Hier können wir unseren Freundeskreis und die Gruppen, mit denen wir zu tun haben wollen, frei wählen. Hier gilt Meinungs- und Versammlungsfreiheit. Und das ist nicht nur politisch gemeint. In der Zivilgesellschaft darf und soll uns niemand vorschreiben, mit wem wir uns treffen und welche Sicht der Welt, säkular oder spirituell, eher links oder rechts, altmodisch, progressiv oder alternativ, wir mit anderen teilen wollen und können.

Unsere Freiheit im Denken, Reden und Handeln hat allerdings ihre Grenzen im Recht und vor allem da, wo sie die Freiheit und das Wohlbefinden von anderen beeinträchtigt. Wo genau diese Grenzen liegen, müssen wir im demokratischen Miteinander ausloten und aushandeln, in zivilgesellschaftlichen Gruppen, in Verbänden, Vereinen und Parteien und im Parlament.

Demokratie, wörtlich Herrschaft des *demos*, des Volkes, bedeutet nicht »mein oder unser Wille geschehe«, sondern *abstrakt gleiche* Menschen handeln in *konkreter Verschiedenheit* aus, wie sie ihre gemeinsame Welt gestalten wollen. Und dazu gehören Zuhören und Rücksicht, gute Argumente, Kompromisse und Zugeständnisse und sehr viel Geduld und Humor. Und die wertvollen Lebenserfahrungen der Offenheit und Toleranz, die wir in langfristigen Beziehungen in allen Bereichen des Lebens gesammelt haben.

Religion und Kultur, Poesie und Kunst

Drei der vier Bewusstseinsstrukturen – magische Verbundenheit, mythisch-symbolisches und mental-begriffliches Denken – können die meisten modernen Menschen, wenn auch manchmal mit Mühe, durch ihre Erfahrungen mit langfristigen Beziehungen nachvollziehen. Am schwierigsten finden viele den Zugang zum *archaischen Einheitsgefühl.* Es scheint dem Wunsch nach Individualisierung zu widersprechen oder damit in Konflikt geraten zu können.

Manche Menschen mit einem tiefen Bezug zur Natur spüren dort manchmal das Gefühl des Einsseins jenseits von Worten, Zeit und Raum. Für manche sind Dichtung und Poesie, Musik und Kunst Türen zum ewigen Jetzt, lat. *nunc stans,* wie es Meister Eckehart, der Mystiker des 13. Jahrhunderts, nennt.

Am einfachsten scheint der Zugang für religiöse bzw. spirituelle Menschen zu sein. Zum einen ist es in Zeiten der Krisen und des Umbruchs eine oder sogar *die* zentrale Aufgabe der christlichen Kirchen, die tiefe Botschaft der Verbundenheit mit dem Großen Ganzen durch Messe und Eucharistie bzw. Gottesdienst und Abendmahl den Menschen, die noch in die Kirche gehen, wieder nahezubringen. Wenn sich die christlichen Kirchen *ausschließlich* auf die konkret fassbare Nächstenliebe, auf die horizontale Dimension von Sorge um Randgruppen, auf Sozialarbeit und soziale Gerechtigkeit fokussieren und auf die Vermittlung der Frohen Botschaft des Doppelgebots von Gottes- und Nächstenliebe verzichten, verlieren sie selbst den Boden, der sie trägt. Und vielleicht ist das auch der Grund, warum viele Priester, Pfarrerinnen und Theologen so mutlos und verängstigt sind.

Daneben gibt es verstärkt seit den 1970er-Jahren viele Angebote, die sich an spirituellen Traditionen aus anderen Religionen, z.B. dem Buddhismus, indischen Ansätzen, Islam, Schamanismus oder alten Naturreligionen, orientieren. Und es gibt Einzelpersonen, die einen alten oder neuen spirituellen Weg lehren. In den Religionswissenschaften wird der Begriff »Spiritualität« meist auf eher erfahrungsbezogene und institutionell nicht gebundene religiöse Ansätze bezogen. Der spirituelle Markt ist groß, und das entspricht der zunehmenden Individualisierung in westlichen Ländern. Diese neuen spirituellen Wege inspirieren viele Menschen, sie haben aber auch Schattenseiten. Aus meiner Sicht braucht es auch für neue Wege unterschiedliche Menschen, die gemeinsam neue Wege suchen und gehen. Denn nur so können sie sich gegenseitig auf Schwächen und Irrwege hinweisen und sie auch durch regelmäßige gemeinsame Praxis, durch Selbstreflexion und Austausch korrigieren. Auch aus diesem Grund habe ich mich nicht nur für europäische und internationale Konferenzen buddhistischer Lehrerinnen und Mentoren eingesetzt, sondern seit 1994 auch für den regelmäßigen Austausch[23] nicht schulgebundener buddhistischer Lehrerinnen in Deutschland.

Das Große Ganze: Immanenz und Transzendenz

Wer seine Verblendungen erkennt, ist erwacht.
Wer über Erwachen spekuliert ist verblendet.
DOGEN, 13. JH. JAPANISCHES ZEN

Das Reich Gottes ist nicht von dieser Welt, denn diese fassbare Welt wird nie perfekt sein. Damit ist nicht gemeint, dass es irgendwo in einem unfassbaren Jenseits eine heile Welt gibt oder wir uns nicht um die soziale Dimension kümmern sollten. Nein. Aber wir können uns nach meiner Erfahrung nur dann ohne Feindbilder und Verzweiflung für das Wohl aller einsetzen, wenn wir uns, trotz aller Fehlschläge und menschlicher Schwächen, getragen fühlen von dem, was größer ist, als der Verstand fassen kann. Alle Worte, Symbole und Bilder, Erzählungen und Frohen Botschaften von Gott und Jesus Christus, von Buddha-Natur und Erwachen, von Brahman und Urgrund weisen auf das hin, was wir nicht fassen können und von dem einige doch irgendwie ahnen, dass es uns trägt, was auch geschieht.

Dass dieser Urgrund alle Wesen und die ganze Schöpfung trägt, kann man weder beweisen noch widerlegen, aber wir können es glauben und darauf hoffen. Der christliche Begriff der Hoffnung will darauf hinweisen, dass wir weder wissen können, dass alles gut ausgehen wird, noch verzweifeln müssen, wenn das Leben zu schwer erscheint. Hoffnung bedeutet in den Worten des katholischen Philosophen Josef Pieper: »Es kann gut gehen.«[24]

Die indische Tradition betont, dass wir uns nur nach »etwas« sehnen können, was wir irgendwie kennen: Liebe, Glück und Frieden, Geborgenheit und Freiheit … Das leuchtete mir sofort ein, als ich das von einem Vedanta-Lehrer aus den USA zum ersten Mal in einem buddhistischen Zentrum in Niederbayern hörte.[25]

Das Christentum spricht davon, dass Jesus Christus »wahrer Mensch und wahrer Gott« sei. Er wurde Mensch *und* war und blieb eins mit dem göttlichen Vater und lebte im Schnittpunkt beider Dimensionen, von Immanenz und Transzendenz. Für Christen ist er das Vorbild und zeigt den Menschen ihre Möglichkeiten auf. Aus christlicher Sicht sind wir Gottes Geschöpfe und Geschwister von Jesus Christus. Und unsere höchste Aufgabe als Menschen ist es zu entdecken, dass wir *alle* im Schnittpunkt beider Dimensionen leben. Dann und nur dann entdecken wir die Zuversicht, den Mut und die Kraft, mit dem Auf und Ab des unvollkommenen Lebens klug und mitfühlend umzugehen und das Beste daraus zu machen.

Alle Schulen des Buddhismus betonen, dass wir alle erwachen können, da wir die Anlage zu tiefer Einsicht in uns tragen. Das Mahayana nennt das Buddha-Natur. Was bedeutet Erwachen und was ist Buddhha-Natur? Die kürzeste und provokanteste Definition, die aber sehr selten in Zen-Kursen erwähnt wird, stammt von dem berühmten japanischen Zen-Meister Dogen, der den Zen-Buddhismus in China studierte und im 13. Jh. nach Japan brachte:

»Wer seine Verblendungen erkennt, ist erwacht. Wer über Erwachen spekuliert ist verblendet.« In anderen Worten: Wer zu wissen glaubt, was genau Erwachen ist, steckt noch im Griff ungültiger Konzepte, denn er weiß nicht, dass auch Erwachen ein Konzept ist, bestenfalls ein Finger, der auf den Mond zeigt.

Und schon der historische Buddha betonte, dass alle Menschen die Möglichkeit zu erwachen in sich tragen. Das nannte er das Große Fahrzeug, das Mahayana, dann Buddha-Natur, Sanskrit *tathagata-garbha*, wörtlich Schoß (*garbha*) des *Tathagata*, des So-Dahin-Gegangenen. Das ist ein Hinweis auf die unfassbare Dimension, in die der Buddha nach seinem Tod entschwand und in der er noch immer »irgendwie ist«.

In einem Kurs für nichtakademische Sozialarbeiterinnen zum Thema »Auftanken in Beruf und Alltag« in Bremen in den Nuller-Jahren habe ich das tiefe, unerschütterliche Vertrauen mit dem Hinweis auf Gott und Schöpfung und dem Bild von uns als Kindern Gottes zu erklären. Die meisten fanden das einsichtig, und auch die drei muslimischen Frauen nickten zustimmend. Die russische Sozialarbeiterin, die neben mir saß, eine Frau in meinem Alter, die noch in der Sowjetunion aufgewachsen war, sagte lächelnd: »Ja, wir haben immer gesagt: Wir sind alle Kinder von Lenin.« Sie wusste, dass das eine symbolische Aussage war und kein Hinweis auf die biologische Vaterschaft des Gründers der Sowjetunion. Allerdings waren die Menschen im kapitalistischen Ausland keine Kinder von Lenin.

Nur ein Symbol, das alle Menschen, die Natur und die ganze Welt, ins Große Ganze einschließt, schützt vor Feindbildern. Und solche Symbole und damit einher verbundene religiöse bzw. spirituelle Praktiken brauchen wir, um uns eins mit allen und allem zu fühlen und aus dieser Erfahrung heraus zu leben und zu handeln. Zum eigenen Wohl und dem aller.

Teil Drei

Chancen, Risiken und Nebenwirkungen des Lebens

9. Herausforderungen und Fallen

Der Faden der Tradition ist gerissen

Leben ist Veränderung. Das war schon immer so, aber selten hat sich das Leben innerhalb von zwei, drei Generationen so stark verändert wie in den letzten fünfzig, sechzig Jahren. Vor allem seit den 1990er-Jahren scheint das Tempo noch zugenommen zu haben. Das überfordert vor allem die Menschen, die nicht in einem stabilen Beziehungsnetz leben und in deren Leben mehrere Säulen wanken.

Seit Beginn der Neuzeit und vor allem seit der Industrialisierung gibt es einschneidende Veränderungen in Arbeit und Alltag, aber bis Mitte des Zwanzigsten Jahrhunderts teilten die meisten Menschen mehr oder weniger gemeinsame Werte: Familie und Heimat und Wohnort, Sitten und Gebräuche, Höflichkeit, Fleiß und Rücksicht, christlichen Glauben und kirchliche Traditionen. Hannah Arendt spricht davon, dass der »Faden der Tradition« im 20. Jahrhundert gerissen sei. Und das zeigte sich für sie vor allem an den beiden totalitären Staatsideologien von Faschismus und Stalinismus und an den vielen kleinen und großen Diktaturen.[26]

Zwar scheint die Mehrheit der Bevölkerung zumindest in Westeuropa demokratischen Werten noch zu vertrauen, aber die durch Globalisierung und Internet herbeigeführten immer schnelleren Veränderungen in allen Bereichen des Alltags reißen neue Gräben auf. Und diese werden immer tiefer, je mehr stabile Beziehungsnetze fehlen. Ich wiederhole es noch einmal: Ich glaube nicht daran, dass politische Masterpläne und Parteiprogramme in der Lage sind, den Zusammenhalt der Gesellschaft zu fördern oder wiederherzustellen. Das können nur Menschen, die einander vertrauen, weil sie miteinander leben und reden. Und zwar immer und immer wieder: lokal und regional, in der Öffentlichkeit und im Parlament, in Politik und Gesellschaft, innerhalb eines Staates und in Europa, national, international und transnational.

Parteien, Stammesdenken und Heile-Welt-Utopien

Viele Menschen sehnen sich nach Verbundenheit und Zugehörigkeit. Und das ist auch gut so. Die Frage ist, welche Art der Zugehörigkeit und Verbundenheit den Zusammenhalt in der Gesellschaft fördert und welche nicht. Seit einigen Jahren spricht die Soziologie von einem neuen Phänomen. Sie nennt es Tribalismus, Stammesdenken, engl. *tribalism*, von *tribe*, Stamm, und dieser »Stamm« ist heute die politische Partei bzw. eine politisch oder ideologisch definierte Gruppe. Als Ersatz für vier zum Teil schwankende oder verloren gegangene Säulen des Lebens – Familie und Nachbarschaft, Arbeit und religiöse Gemeinde – gibt es seit der Französischen Revolution, verstärkt durch die Industrialisierung, politische Parteien, die sich für die Interessen einer bestimmten Bevölkerungsgruppe einsetzen. Solange die unterschiedlichen Parteien miteinander reden und in einem gemeinsamen Staat zusammenleben wollen, ist das auch angemessen und vernünftig. Es gibt eben unterschiedliche Schichten und Interessen in einer Gesellschaft, und Menschen müssen Wege finden, diese Interessen zu artikulieren und sich für sie einzusetzen.

In meiner Kindheit und Jugend im Schwarzwald war es wohl für alle normal, dass Menschen aus unterschiedlichen Schichten und Parteien befreundet waren und das auch sein konnten, da sie trotz aller Unterschiede weiterhin bestimmte Interessen teilten: Fußball und Fastnacht, Wandern und Kartenspielen, Chor und Stadtverschönerung usw. Das wünsche und erhoffe ich mir auch für unsere Zeit. Wenn wir uns da, wo wir leben, für ein konstruktives Miteinander einsetzen, wenn wir miteinander reden und gemeinsame Projekte finden, entwickeln und fördern, können wir auch andere zu dieser Art von Miteinander inspirieren. Wir können nur *gemeinsam* lernen, miteinander auszukommen. Das lernt man nicht einsam und allein am Schreibtisch oder im Internet. Das lernen wir von und mit anderen zusammen in Projekten, die uns am Herzen liegen.

Zivilgesellschaftliche Gruppen, freie Zusammenschlüsse von freien Bürgern, fördern dann den Zusammenhalt der Gesellschaft, wenn sie sich nicht *gegen* andere bilden, sondern ihre Ideen und Vorstellungen als *Ergänzung* zu anderen Perspektiven verstehen. Das ist nicht einfach, denn es erfordert einen weiten Blick, mit dem wir uns in andere hineinversetzen können. Das ist nicht immer einfach und angenehm, aber möglich.

Je unsicherer und einsamer Menschen sind und je weniger Geborgenheit sie in ihrem Umfeld erleben, desto eher neigen sie zur Regression ins Stammesprinzip. Das muss nicht gleich bedeuten: »Wir sind gegen euch.« Es kann gut gehen, solange wir uns nicht bedroht fühlen. Aber in dem Moment, in dem uns Veränderungen überfordern, weil wie z. B. seit 2020 mehrere Krisen zusammentreffen – Klimawandel und Corona-Pandemie, Ukraine-Krieg, Energie-Krise und Inflation, und jetzt der Krieg zwischen der Hamas und Israel –, greifen Menschen nach der nächstbesten Stütze: Die einen sehnen sich dann nach der guten alten Zeit, die es so nie gab. Sie träumen von einer homogenen Bevölkerung und einer deutschen Leitkultur, von Männern, die noch echte Kerle sind, von traditionellen Geschlechterrollen und einem starken Nationalstaat usw. Und die anderen träumen vom Sozialismus mit menschlichem Antlitz oder malen das Bild einer heilen Welt, in der endlich alle schönen, wahren und guten Ideen von Menschenrechten und Menschenwürde, von Respekt für Diversität und Freiheit umgesetzt und gelebt werden, und zwar von allen und ganz schnell und perfekt.

Diese Welt wird nie vollkommen: Erwachen und Erlösung

Die große Frage ist, welche Menschen diese Vision *leben* können und wollen? Ich halte die Vision von einer heilen Welt, in der der Wolf neben dem Lamm liegt und die Schwerter zu Pflugscharen werden, für einen süßen Traum, der uns vor Selbsterkenntnis und der Arbeit an schädlichen Mustern – wie die vielen Spielarten der reaktiven Emotionen Gier, Hass und Verblendung und das damit verbundene abgrenzende Verhalten – schützen will und soll. Meine tibetischen Lamas haben immer wieder betont: Diese Welt wird nie perfekt.

Und Jesus Christus sagt: »Mein Reich ist nicht von dieser Welt.« Damit weist er für mich nicht auf ein weltfernes Paradies in einem bloß vorgestellten Jenseits hin, sondern darauf, dass unsere Welt unvollkommen ist und bleiben wird. Sie wird nur ein bisschen anders, wenn wir die christliche Botschaft im eigenen Leben verwirklichen. Mit keiner Frohen Botschaft können wir ein Paradies auf Erden herstellen. Auch der Buddha betont, wir können nur lernen, Schritt für Schritt unser unheilsames Verhalten mit Körper, Rede und Geist zu erkennen und abzubauen, und heilsames Verhalten einzuüben. Dieser Weg überfordert die meisten und spricht daher zu allen Zeiten nur wenige Menschen an, und auch aus diesem Grund wird unsere Welt nie perfekt.

Die Botschaft scheint dieselbe zu sein: Perfektion ist ein Gedankending. Vollkommenheit ist eine Vorstellung und keine erlebbare Wirklichkeit. Leben ist zu komplex für Perfektion. Buddhismus und Christentum sind sich einig: Erwachen und Erlösung geschehen in Individuen, in einzelnen Menschen, die einen Weg gehen, auf dem sie Liebe, Kraft und Weisheit einüben. Sie bemühen sich darum, ethisch und verantwortungsvoll zu handeln, und das bedeutet, die vielfältigen Folgen des eigenen Handelns mit zu bedenken. Sie können Vorbilder sein für andere und sie zu einem heilsamen Leben zum Wohle aller inspirieren.

Lebendige Beziehungen und Technik

Die einen wollen zurück in die gute alte Zeit, und die anderen träumen von einer perfekten Welt. Der aktuelle Hype um Digitalisierung und sogenannte Künstliche Intelligenz scheint mir ein Ausdruck von Resignation und das frustrierte Eingeständnis vieler kluger Menschen zu sein, dass sie mit ihrem politischen Latein am Ende sind. Sie können mit der Spaltung der Gesellschaft in Blasen und Nischen, mit ideologischen Verhärtungen und Feindbildern nicht konstruktiv umgehen, weil sie diese nicht tief genug verstehen.

Mir scheint die Erwartung, dass moderne Technik unsere Probleme lösen könnte, sehr kindlich. Sie ist für mich eine direkte Folge des nur begrifflich-rationalen Denkens. In den Worten Jean Gebsers: Das defizient-rationale Bewusstsein will Probleme defizient-rational lösen. Aber seit Langem wissen wir u. a. aus Quantenphysik und Soziologie, dass man Probleme nicht auf derselben Ebene lösen kann, auf der sie entstanden sind und immer wieder entstehen.

Und schon bin ich wieder beim Thema der lebendigen Beziehungen mit Kontinuität. Durch sie lernen wir die prärationalen Dimensionen des Bewusstseins kennen, die wir für ein Leben in

Fülle brauchen. Wir lernen sie kennen und in und auf sie zu vertrauen, in archaischem Einheitsgefühl, magischer Verbundenheit und mit mythisch-symbolischer Deutung von Erfahrungen. Durch eine religiöse Praxis in einer Gemeinde mit anderen zusammen – sei es die christliche Gemeinde oder eine buddhistische Meditationsgruppe für die ganze Familie – werden diese prärationalen Dimensionen schon bei Kindern genährt und gefördert, aber auch durch Vorlesen, Singen und gemeinsame Feste usw.

Die christliche Gemeindepraxis und die spirituelle Übung z. B. in einer buddhistischen Meditationsgruppe ergänzen und vertiefen hoffentlich die Erfahrungen von Einheit, Verbundenheit und Sinn, die wir in lebendigen Beziehungen erleben. Für viele Menschen öffnen tiefe Beziehungen eine Tür zu einer religiösen oder spirituellen Dimension. Das erlebe ich seit über vierzig Jahren auch in buddhistischen Meditationskursen. Die gemeinsame Praxis öffnet Herz und Verstand für die *horizontale* Dimension der konkreten Verbundenheit mit anderen *und* für die *vertikale* Dimension jenseits von Worten und Begriffen, die man auch Gott, das Göttliche, Buddha-Natur, Urgrund, das Große Ganze oder Sein nennen kann.

Alle alten Kulturen kennen diese vertikale Dimension, nur die Moderne hat sie verloren durch ihre Fixierung auf das Machbare in der Welt der Dinge und durch die Verengung von Verstehen auf das defizient-rationale Bewusstsein, das nur Begriffe und Modelle akzeptiert, die man darstellen und berechnen, mit Experimenten beweisen und mit dem Verstand nachvollziehen kann.

Ein polemischer Zwischenruf

Die meisten heutigen Wissenschaften setzen große Erwartungen in die Digitalisierung und die mögliche Kontrolle von Prozessen in der Welt der Dinge und Menschen. Es gibt Wissenschaftler, die glauben, dass Algorithmen und KI oder AI – die sogenannte Künstliche Intelligenz bzw. Artificial Intelligence und ganz aktuell ChatGPT – bei der Lösung vieler aktueller Probleme *entscheidende* Beiträge leisten könnten. Diese Erwartung allein ist schon Ausdruck einer Bankrotterklärung überforderter Menschen in Institutionen. Algorithmen und KI können wie alle Maschinen potenziell nützliche Werkzeuge sein, aber da sie letztlich nur schneller rechnen können als Menschen, können sie die kreative Intelligenz und Imaginationskraft von Menschen bestenfalls imitieren, aber nie ersetzen. Warum können sie das nicht?

Kurz und knapp: Die Verwendung von KI bedeutet, dass nicht mehr Menschen entscheiden, sondern scheinbar »unparteiische« Maschinen, die nichts von dem verstehen, was sie vorschlagen. Sie können nur ausrechnen, welche Haltung bzw. welches Wissen wie oft und in welchen Kontexten in der *Vergangenheit* schon einmal nützlich war. Die überforderten Befürworter solcher technischen Ansätze übersehen dabei etwas sehr Wesentliches: Maschinen und Algorithmen beziehen sich nur auf frühere Messungen und begriffliche Aussagen. Sie können nur statistische Wahrscheinlichkeiten für die Zukunft errechnen, aber nichts Neues erfinden. Das können nur Menschen, die Zugang zu anderen Bewusstseinsdimensionen der Einheit, der Verbundenheit und des Sinns haben.

Algorithmen und KI sollen sich um die Diagnose und Heilung von Krankheiten kümmern und die Probleme sozialer Gerechtigkeit, der Neuordnung des Gesundheitssystems, von Ausbildung und Arbeitsverteilung lösen. Ihre Befürworter halten sie für objektiver, da Menschen Vorlieben und Abneigungen haben und haben können und Maschinen nicht. Leider können Algorithmen nur Informationen und Daten vergleichen, mit denen sie gefüttert wurden, d. h. mit statistisch relevanten Daten oder mit durchschnittlichen Erfahrungen. Ich bin sehr dankbar für viele technische Erfindungen, aber ich vertraue nur Menschen und keinen Maschinen. Ich finde die Haltung vieler Forscherinnen und Wissenschaftler, Ärztinnen und Lehrer verständlich und akzeptabel, die ChatGPT für die Recherche nutzen, aus den vorliegenden Daten Schlüsse ziehen und dann aber ihre eigenen Texte schreiben.

Wir können unser Leben nur »vorwärts« leben, mit der Offenheit für Neues und Unbekanntes. Und es nur »rückwärts«, in der Rückschau, verstehen. Wer Menschen und ihre Entscheidungen durch Künstliche Intelligenz und Algorithmen ersetzen will, glaubt, das Leben rückwärts leben und verstehen zu können. Das ist für mich lediglich eine andere Art der konservativen Rolle rückwärts in die gute alte Zeit, die es so nie gab. Es ist ein Leben rückwärts auf der Grundlage früherer Erfahrungen, aus Angst vor Entscheidungen, die immer auch ein Risiko beinhalten. Handeln braucht Mut, da wir seine Folgen nur abschätzen, aber nie wissen können.

10. Viele Wege der Übung: vier Ansätze

Geteiltes Leid ist halbes Leid. Geteilte Freude ist doppelte Freude.
VOLKSWEISHEIT

Leben ist tragisch und erhaben. Alles, was kommt,
muss auch wieder geh'n. Leben geschieht, niemand hat es im Griff.
Nur das Ende des Haderns bringt Frieden.
DIE VIER SIEGEL. LIED ZUR ESSENZ DES BUDDHISMUS

Mögen die Wesen nur Glück erleben, frei sein von Leid,
voller Freud, in Gleichmut ruh'n.
DIE VIER UNERMESSLICHEN HALTUNGEN. BUDDHISTISCH

In diesem Kapitel möchte ich den Kontext der von mir vorgeschlagenen buddhistischen Übungen und Lehren vorstellen und für unsere Zeit und Kultur interpretieren. Das soll vor allem als Orientierung für die Übungen in Kapitel 11 dienen.

Ich beginne mit der ersten Unterweisung des Buddha nach seinem Erwachen, die als *Die Vier Edlen Wahrheiten* bekannt wurde. Im zweiten Schritt stelle ich eine kurze Zusammenfassung der zentralen Lehren des Buddha, *Die Vier Siegel,* in einem Vers vor und erläutere ihre wunderbare Wirkung für den Alltag mit schönen und schwierigen Erfahrungen.

Im dritten Schritt interpretiere ich eine in Tibet sehr beliebte Unterweisung über *Die Vier Schleier*, die unser Leben oft so schwierig machen, und beschreibe anhand kleiner Übungen, wie wir sie Tag für Tag bemerken und lüften können. Im vierten Schritt komme ich wieder zu den ersten Unterweisungen des Buddha zurück und interpretiere die Lehren und Übungen des Buddhismus, die im Laufe vieler Jahrhunderte in unterschiedlichen Kulturen Asiens entstanden sind, als *Die Drei Runden der Vier Edlen Wahrheiten.*

Die Vier Edlen Wahrheiten

In der Nacht vor seinem Erwachen hatte der Buddha-in-spe der Tradition zufolge drei Visionen. In der ersten Nachtwache sah er alle seine eigenen früheren Leben. In der zweiten Nachtwache sah er die früheren Leben aller Wesen der traditionellen sechs Bereiche: der Höllenwesen und Hungergeister, Menschen und Tiere, der neidischen Götter und der Götter in tiefer Meditation. In der dritten Nachtwache erkannte er die Vielfalt der Leiden, ihre Ursachen, ihr mögliches Ende und den Weg zum Ende des Leidens. Diese Erkenntnisse werden seit rund 2500 Jahren als *Die Vier Edlen Wahrheiten* überliefert und geübt.

Ein Kollege erzählte mir, dass er in den Nuller-Jahren in Burma einem Mönch begegnet sei, der das als einen Hinweis darauf interpretierte, dass die Einsicht in diese Vier Wahrheiten das Herz des Buddhismus ist, nicht der Glaube an Wiedergeburt. Dieser Glaube sei eher Ausdruck des damaligen Zeitgeistes. Das fand ich sehr interessant und nachvollziehbar, denn jede Aussage anderer Menschen über frühere Leben stammt für mich aus zweiter Hand. Für mich bleibt Wiedergeburt eine Vorstellung, Auch wenn es Menschen gibt, die Details aus früheren Leben zu erinnern glauben und das für einen Beweis halten. Es bleibt eine Vorstellung, selbst dann, wenn der Dalai Lama davon spricht, den ich für sehr redlich und glaubwürdig halte. Und ich stimme meinem Kollegen Stephen Batchelor von Herzen zu, wenn er sagt, er halte nicht diese vier Aussagen für edel, sondern die Menschen, die sie als wahr erkennen und leben wollen und können.

Vier Schritte: Symptome und Diagnose, Prognose und Therapie

Diese *Vier Edlen Wahrheiten* wurden nach dem Modell der indischen Medizin formuliert. Und sie lassen sich ohne Probleme in die Sprache von heute übersetzen: 1. Symptome: Leiden, 2. Diagnose: Ursachen von Leiden, 3. Prognose: Befreiung vom Leiden, und 4. Therapie: viele Wege zum Erwachen.

Zu den *Symptomen* des nicht erwachten Lebens gehören natürliche und zusätzliche Leiden.[27] Die Ursache des *natürlichen* Leidens ist das Leben. Dazu gehören Geburt und Altern, Krankheit und Sterben. Die Ursachen der *zusätzlichen* und damit nicht notwendigen Leiden sind die sogenannten Verblendungen Gier, Hass und Unwissenheit. In einer anderen, leichter zugänglichen Übersetzung sind es Haben-Wollen, Nicht-Haben-Wollen und falsche Vorstellungen, häufig in Gestalt überzogener Erwartungen und Ansprüche oder ungültiger Konzepte, die schnell zu Enttäuschungen und Ohnmacht und dann zu den vielen Varianten unserer drei Überlebensstrategien führen: Wut, Angst und Erstarren.

Das *natürliche* Leiden gehört zum Leben, schmerzt aber weniger, wenn wir es als Teil des Lebens annehmen können. Damit verringern wir das zusätzliche Leiden. Wir erleben das Ende des Leidens, wenn wir aufhören, mit dem natürlichen Leiden zu hadern. Zu den *zusätzlichen* Leiden gehören vor allem vier Erfahrungen: verlieren, was man liebt; nicht bekommen, was man will; bekommen oder erleben, was man nicht will, und nie sicher sein vor Leiden, auch wenn gerade alles gut läuft.

Der Weg zur Unterscheidung von natürlichem und zusätzlichem Leiden, zur Akzeptanz des natürlichen Leidens, Verringerung des zusätzlichen Leidens und zum Ende des Haderns ist der sogenannte Achtfache Weg oder Pfad. Das sind acht Gruppen von Übungen, mit deren Hilfe wir Tag für Tag die Ursachen und Bedingungen von Leid und Glück erforschen. So lernen wir mit der Zeit, weniger Ursachen für Leiden und mehr Ursachen für Glück zu schaffen. Und das gelingt leichter, wenn wir dabei nicht nur unser eigenes Glück und Leid, sondern auch das von anderen im Blick haben. Nicht nur die Glücksforschung spricht davon, sondern auch die Lebenserfahrung lehrt uns, dass Nächstenliebe und Wohlwollen, Einfühlung und Mitgefühl allen Beteiligten guttun. Und unsere Volksweisheit weiß: Geteiltes Leid ist halbes Leid und geteilte Freude ist doppelte Freude.

Der Achtfache Pfad: Einsicht, Ethik, Sammlung

Traditionell wird der Übungsweg mit drei Gruppen von Übungen beschrieben: Einsicht, Ethik und Sammlung, *prajna, sila, samadhi.* Ein bisschen Einsicht in die Gesetze des Lebens kann zu einem ethischen Leben mit Verantwortung für die Folgen unseres Handelns inspirieren. Das beruhigt und entspannt, ermöglicht Sammlung und dadurch noch tiefere Einsicht. Bis in die 1960er-Jahre unterschied man im Buddhismus zwischen der *Praxis der Moral*, von lat. *mores*, Sitte, und den *ethischen Lehren*, von griech. *ēthos*, Charakter, Sinnesart. Der Begriff Moral wird seit Jahrzehnten allerdings meist mit Sexualmoral und prüdem Verhalten in Verbindungen gebracht, und daher heißt sogar Epiktets *Handbüchlein der Moral* aus dem 1. Jh. n. Chr. inzwischen bei Reclam *Handbüchlein der Ethik*. Auch das gehört zum Verstehen: Die Bedeutung von Sprache verändert sich mit dem Zeitgeist. Und eine Herausforderung besteht darin, die passenden Worte für das, was uns hilft, zu suchen und zu finden und uns nicht durch überholte Begriffe abschrecken zu lassen.

Was du nicht willst, das man dir tu', das füg' auch keinem andern zu.
DIE GOLDENE REGEL

Böses vermeiden, Heilsamens wirken, den Herz-Geist reinigen.
Das lehren die Buddhas.
DHAMMAPADA 183

Tu Gutes, meide das Böse und kläre Herz und Geist.
DIE LEHREN DER SIEBEN BUDDHAS. ZEN

Die traditionelle Reihenfolge der Übungen des Achtfachen Weges stellt Einsicht an den Anfang und spricht von Einsicht, Ethik und Sammlung. Dahinter steht die Erfahrung, dass wir unser Verhalten erst dann ernsthaft beobachten und verändern wollen, wenn wir begreifen, warum und wozu wir das tun sollen. Wir brauchen also Einsicht in den Sinn von ethischem Verhalten. Wenn wir es nur aus Angst vor Strafen oder aus Anpassung an unsere Umwelt tun, sind wir auch schnell bereit, aus Angst und Wut oder weil wir unter Druck sind, andere zu verletzen. Die seit über 2500 Jahren in vielen Kulturen bekannte Goldene Regel betont, dass ethisches Verhalten uns und anderen guttut. Je mehr wir dies begreifen, desto motivierter üben wir es und mit der Zeit fällt es uns immer leichter.[28]

Für die Übung im Alltag empfehlen die tibetischen Traditionen meist folgende Reihenfolge: Ethik, Sammlung, Einsicht. Warum und wozu? Dahinter steht eine allgemeine Lebenserfahrung: Wir bemerken und erkennen die Folgen von Handeln leichter durch eine Alltagspraxis als durch Nachdenken. Auch aus diesem Grund betonen alle Philosophien und Religionen, die in der Achsenzeit, im 1. Jahrtausend v. Chr. entstanden, den großen Wert eines ethischen Verhaltens, von geteilten Werten und Sittenregeln.[29]

Durch die Orientierung an ethischen Regeln bemerken wir schneller, *warum* und *wozu* wir etwas tun – meist Absicht und Motivation genannt – und wie wir uns mit Körper, Rede und Geist verhalten. Je vertrauter uns ethisches Verhalten wird, desto leichter wird unser Leben. Wir bemerken ab und zu die Folgen unseres Verhaltens, übernehmen mehr Verantwortung dafür und geraten dann weniger in Gewissenskonflikte. Und so kommen wir meist auch besser mit anderen aus, allerdings nur dann, wenn wir diese verantwortliche Haltung auch angemessen und richtig finden. Und je ruhiger und gelassener wir sind, desto leichter können wir uns sammeln und so die Gesetze des Lebens immer tiefer verstehen. Und das wiederum fördert ein verantwortungsvolles ethisches Verhalten.

Als potenziell universelle Hochreligionen lehren sowohl Buddhismus als auch Christentum vor allem Varianten der Goldenen Regel und fokussieren sich weniger auf regionale Sitten und Bräuche. Aber natürlich prägten und prägen die lokalen Traditionen und Sitten auch die Praxis und Interpretation von Buddhismus und Christentum in der jeweiligen Epoche und Kultur. Auch das motiviert und inspiriert mich dazu, die Lehren und Übungen für das Leben in Europa und vor allem im deutschsprachigen Raum kulturell zu übersetzen.

Der Achtfache Pfad schlägt zu jedem Thema bestimmte Übungen vor, die dann in Vorträgen und Kursen näher erklärt und beschrieben werden. Im Folgenden fasse ich die acht Übungsfelder kurz zusammen. Die meisten von ihnen werden positiv und negativ formuliert. Es wird beschrieben, was wir vermeiden und was wir stattdessen einüben sollten. In Kapitel 11 schlage ich dazu passende Reflexionen vor.

Der Achtfache Pfad: ein Überblick

Der Achtfache Pfad besteht aus den folgenden Übungsfeldern:

1. Rechte Erkenntnis: Wir erkennen die Vier Edlen Wahrheiten

vom Leiden, seinen Ursachen, seinem Aufhören und vom Weg dahin.
2. Rechte Gesinnung: Wir handeln ohne Gier, Hass und Verwirrung und stattdessen genügsam, liebevoll und weise.
3. Rechte Rede: Wir vermeiden bewusstes Lügen und Verleumden, üble Nachrede, grobe und verletzende Worte und leeres Gerede und üben stattdessen heilsame Rede.
4. Rechtes Verhalten: Wir vermeiden Töten, Stehlen und unheilsame Sexualität und achten und schützen stattdessen Leben und Eigentum anderer und ihre Beziehungen bzw. ihren Lebensstil als Ordinierte.
5. Rechter Lebensunterhalt: Wir verletzen weder uns noch andere durch unsere Berufstätigkeit: Wir handeln nicht mit Lebewesen (weder mit Menschen, um sie zu versklaven, noch mit Tieren, um sie zu töten), nicht mit Waffen, Rauschgetränken und Giften, töten keine Lebewesen und bemühen uns um einen mitfühlenden und nachhaltigen Lebensstil. Aus diesem Grund arbeiten Buddhisten traditionell nicht in solchen Berufen.
6. Rechtes Bemühen: Wir bemühen uns, heilsame Gedanken zu entwickeln und zu fördern und unheilsame Gedanken zu vermeiden und zu verringern.
7. Rechte Achtsamkeit: Wir üben die Vier Grundlagen bzw. Bereiche der Achtsamkeit: Wir achten in formellen Übungsphasen und im Alltag auf Körperempfindungen, Gefühle und emotionale Reaktionen, Grundstimmungen und Gedanken.
8. Rechte Sammlung: Wir üben Sammlung mit den Vier Grundlagen der Achtsamkeit oder mit den traditionellen vier Sammlungsstufen, die ich hier in diesem Buch nicht beschreiben werde, da sie eine enge und gründliche Begleitung erfordern.

Die Vier Siegel

Leben ist tragisch und erhaben.
Alles, was kommt, muss auch wieder geh'n.
Leben geschieht, niemand hat es im Griff.
Nur das Ende des Haderns bringt Frieden.
Die Vier Siegel. Lied zur Essenz des Buddhismus

Der historische Buddha erklärte das natürliche Leiden oft mit dem Hinweis auf drei Grunderfahrungen, die alle Menschen kennen. Diese Drei Daseinsmerkmale sind: Leiden, Unbeständigkeit und Nicht-Ich bzw. Unkontrollierbarkeit (vgl. Kapitel 7, »Gesundheit, Alter und Krankheit«). Leiden gehört zum Leben, weil alle Erfahrungen und Phänomene in einem mehr oder weniger schnellen Prozess des Werdens, Bestehens und Vergehens sind und es aus buddhistischer Sicht keine Instanz in uns oder in der Welt gibt, die Erfahrungen besitzt und daher kontrollieren könnte. Buddha fasste seine Sicht des Lebens in den Vier Siegeln zusammen und betonte: Wer die Drei Daseinsmerkmale – Leiden, Unbeständigkeit und Unkontrollierbarkeit – versteht und akzeptiert und als Folge dieser Einsicht nicht mehr damit hadert, ist mein Schüler. Wer einen Aspekt ignoriert oder leugnet ist nicht mein Schüler.

Mir helfen diese Hinweise immer wieder, eine verkürzte Interpretation der buddhistischen Lehren und Übungen zu bemerken und zu korrigieren. Wer Buddhismus auf die passive Annahme von Leiden reduziert oder als Selbstoptimierungsweg anpreist, dem fehlt die Einsicht in die Komplexität des Lebens, und er lernt nie den Frieden und die Freude von Akzeptanz und Gelassenheit kennen.

Vor allem der Hinweis auf die Komplexität des Lebens, die niemand völlig kontrollieren kann, entlastet mich jeden Tag vor überzogenen Ansprüchen an mich selbst und andere und an religiöse und spirituelle Lehren. Und an Politikerinnen, Experten und Menschen in Behörden, die halt auch nicht alles wissen können, sondern hoffentlich nach bestem Wissen und Gewissen ihr Bestes tun.

Von meinem sehr unkonventionellen Kunstlehrer im Gymnasium habe ich etwas sehr Wichtiges gelernt: Man darf etwas nur dann kritisieren, wenn man es selbst besser machen kann. Er hatte es zunächst auf die Kritik an unseren Arbeiten im Kunstunterricht bezogen, betonte aber, dass das für alle Lebensbereiche gelte. Ich bin ihm immer noch dankbar für diesen lebenswichtigen Rat.

Wir leiden meist dann, wenn sich eigene Erfahrungen und äußere Umstände so verändern, dass sie nicht zu unseren Erwartungen passen. Und das geschieht, ob wir es wollen oder nicht. Wir können als Individuen mit Verantwortung für unser Verhalten nur lernen, die Veränderung anzunehmen und das Beste daraus zu machen. Denn kein System, weder religiöse Institutionen noch Staaten, weder lokale Organisationen noch revolutionäre Bewegungen und Parteien oder Volksbefreiungsarmeen können eine heile Welt, ein irdisches Paradies, das Schlaraffenland oder den Himmel auf Erden schaffen.

Das erleben vor allem Menschen in modernen Gesellschaften als tiefe Kränkung, denn mit Hilfe von Industrialisierung und Technik haben wir viel Wohlstand geschaffen, allerdings nur für wenige Menschen. Das verführt zu einem mechanistischen Denken und zur Annahme, wir könnten mit diesen Methoden eine perfekte Welt schaffen. Perfektion ist und bleibt ein Gedankending, eine kindliche oder pubertäre Fantasie. Denn Welt und Menschen sind keine Maschinen: Sie bleiben komplex.

Wir *über*schätzen unsere Macher-Fähigkeiten und *unter*schätzen die große Bedeutung kulturell und materiell unterschiedlicher Lebenserfahrungen und Erwartungen. Menschen sind und bleiben verschieden und haben unterschiedliche Vorstellungen von einem guten Leben. Nicht nur in anderen Ländern und Kulturen, sondern auch in Deutschland und anderen europäischen Ländern.

Was können wir tun? Wir müssen lernen, die Gesetze des Daseins – Leiden, Unbeständigkeit und Unkontrollierbarkeit – zu erkennen, zu akzeptieren und das Beste daraus zu machen. Und was das Beste in einer konkreten Situation mit konkreten Menschen ist, müssen wir miteinander mit Geduld und Humor aushandeln. Das können wir lernen, wenn wir mit Menschen aus dem nahen Umfeld langfristige und vertrauensvolle Beziehungen knüpfen und sie pflegen. Immer und immer wieder. Dann hören wir vielleicht auf, so sehr mit dem Auf und Ab des Lebens zu hadern. Es müssen nicht viele Beziehungen sein, aber einige, die uns über lange Zeit begleiten. Und die uns dabei unterstützen, uns immer wieder auch auf neue Menschen einzulassen.

Die Vier Schleier

Im Herbst 1978 lernte ich im Kloster Kopan in Nepal eine kanadische Nonne kennen, Ann McNeil (1933–2015). Sie war 1969 auf dem »Hippie-Landweg« von Griechenland nach Nordindien und Nepal gereist und dort ihrem Herzenslehrer Lama Thubten Yeshe begegnet, den sie dann bei der Gründung und Führung des Klosters Kopan in Nepal tatkräftig unterstützte. Jedes Jahr im Herbst fand der später sehr bekannte Novemberkurs statt, der für viele buddhistische Lehrerinnen und Mentoren aus dem Westen der Einstieg für eine regelmäßige Praxis wurde.

Dieser Novemberkurs gibt in vier Wochen mit Vorträgen, stillen und angeleiteten Übungen und der Möglichkeit zu nachmittäglichen Gesprächsgruppen einen gründlichen Überblick über alle wesentlichen Lehren und Übungen des Buddhismus, strukturiert durch die 11–13 Schwerpunktthemen des Stufenwegs zum Erwachen, tib. *lamrim*, zu dem alle bekannten tibetischen Lamas einen kurzen oder ausführlichen Kommentar geschrieben haben. So auch der Dalai Lama.

Acht Jahre nach Ann, 1977, hatte auch ich das große Glück, Lama Thubten Yeshe, diesem klugen und kulturell wachen tibetischen Lama, zu begegnen, eine Begegnung, die ich als meine persönliche Achsenzeit betrachte und die mich zu einem buddhistisch inspirierten Leben motivierte. Auch heute noch findet der Kurs im November statt, und nicht wenige meiner Schülerinnen haben inzwischen mit sehr viel Gewinn daran teilgenommen.

Ann besuchte im Herbst 1978 den traditionellen Novemberkurs in Kopan und wollte den Winter über bleiben, um im Frühjahr 1979 an einem speziellen Kurs zur Grünen Tara teilzunehmen. Und da bat Lama Yeshe sie, zwischen den beiden Kursen nachmittags Gesprächsgruppen in der wunderbaren Bibliothek zu begleiten, und schon nach drei Tagen platzte der Raum aus allen Nähten. Ann verstand unsere Fragen und beantwortete sie so alltagsnah, dass wir anders und leichter verstehen und üben konnten. Wir blieben auch nach meiner Indienreise miteinander in Kontakt, ich besuchte sie 1980 bei meiner ersten Nordamerika-Reise in Vancouver, Kanada, und 1985 und 1986 lud ich sie für jeweils drei bis vier Monate ein, in unserem Buddhistischen Zentrum *Aryatara-Institut* in Niederbayern zu unterrichten. Sie bot auch Kurse in München und Berlin an, und noch heute, nach fast vierzig Jahren, fragen mich ab und zu alte Dharma-Bekannte nach ihr.

Sie hatte 1977 in den USA einen Meditationskurs bei dem tibetischen Lama Kalu Rinpoche zum Thema »Die Vier Schleier« besucht. Sie war so inspiriert davon, dass sie Auszüge aus dem Tonbandmitschnitt machte und eine Kurzfassung als tägliche Praxis verwendete. In den 1990er-Jahren lernte ich zwei Dharma-Kollegen kennen, die ebenfalls diesen Kurs besucht hatten und genauso tief inspiriert davon waren.

Diese Kurzfassung der Vier Schleier lehrte und interpretierte Ann Ostern 1985 in unserem niederbayrischen Zentrum. Ich übersetzte ihre Vorträge aus dem Englischen ins Deutsche, und seit dieser Zeit gibt mir dieses Modell und Ann McNeils offene und alltagsnahe Interpretation Orientierung bei der kulturellen Übersetzung der Lehren und Übungen des Buddhismus für unsere Zeit.

Als ich einmal Ende der 1990er-Jahre zu Beginn eines einwöchigen Meditationskurses die Teilnehmerinnen fragte, was sie zuhause üben, sagte eine: »Ich beobachte die Vier Schleier im Alltag und sitze dann mit meinen Erkenntnissen für eine Weile in Stille.« Das hat offensichtlich spürbare Folgen für ein wacheres und mehr entspanntes Verhalten im Alltag. Nach dieser langen Vorrede möchte ich jetzt die Vier Schleier kurz vorstellen und Hinweise geben, wie wir sie lüften können.

Was verhindert Glück und Frieden?

Warum sind Menschen nicht glücklich und zufrieden, obwohl sie den Lehren des Buddhismus zufolge die Fähigkeit zu erwachen »haben« oder, in anderen Worten, Manifestationen tiefer Weisheit, von Buddha-Natur, sind – und in der jüdisch-christlichen Tradition sogar als Ebenbilder Gottes gelten? Auf diese Frage antwortete Kalu Rinpoche 1977 mit dem Bild der Vier Schleier, die uns daran hindern, klar zu sehen, was wir tun und welche Folgen es für uns und andere hat. Und uns vor allem daran hindern, alle Erfahrungen als Chance zu nutzen und mit Hilfe von tiefem Vertrauen in Buddha-Natur und mit Hilfe von gültigen Konzepten, heilsamen Emotionen und ethischem Verhalten das Beste aus unserem Leben zu machen. Für uns und andere.[30]

Zuerst stelle ich die Vier Schleier kurz vor und interpretiere sie dann für unsere Zeit und Kultur. Die Vier Schleier sind: 1. Der Schleier vor Buddha-Natur, 2. der Schleier der Getrenntheit, 3. der Schleier der Verblendungen bzw. der ungültigen Konzepte und der reaktiven, aufwühlenden Emotionen und schließlich 4. der Schleier der Gewohnheiten und Verhaltensmuster.

1. Der Schleier vor Buddha-Natur

Weil wir keine direkte Einsicht in die allen Wesen innewohnende Buddha-Natur, die Fähigkeit zu erwachen, haben, fehlt uns das tiefe Vertrauen in unsere vielfältigen potenziellen Fähigkeiten, das auch in schwierigen Zeiten Zuversicht wecken kann und uns trägt, was auch geschieht.

2. Der Schleier der Getrenntheit

Ohne tiefes Vertrauen in die grundlegende Weisheit in uns und allen oder, in anderen Worten, ohne Gottvertrauen, das wir mit anderen teilen, verzweifeln wir in schwierigen Zeiten schnell an der Erfahrung von Leiden, Unbeständigkeit und Unkontrollierbarkeit. Wir halten dann an dem einzigen fest, das wir mit den Sinnen und dem Verstand fassen können, und das sind unsere fassbaren Erfahrungen. Weil wir sie aus der Ich-Perspektive mit den fünf Sinnen wahrnehmen und begrifflich fassen können, scheinen sie uns klar und eindeutig zu beweisen, dass wir isolierte und getrennte Wesen sind, ohne essenzielle Verbundenheit mit der Natur und mit anderen Menschen. Das Gefühl der Getrenntheit hat, wie viele Erfahrungen, zwei Seiten: positive und negative. Wer sich getrennt im Sinne von unabhängig von anderen fühlt, kann sich mit der Erfahrung von Selbstwirksamkeit vielleicht von Menschen abgrenzen, die uns vorschreiben wollen, wie wir zu leben haben. Das ist die schöne und schmerzliche Erfahrung aller Pionierinnen und wagemutigen Menschen, die neue Wege suchen und finden wollen und vielleicht auch können. Aber, wie der Tiefenpsychologe Erich Neumann Mitte des 20. Jh. betonte: Nicht wenige Helden sterben den Heldentod, aber nur einige wenige werden nach ein paar Generationen in den kulturellen Kanon aufgenommen.[31]

Die dualistische Sicht auf sich und die Welt können viele Menschen durch die Erfahrung tiefer Liebe und in vertrauensvollen langjährigen Beziehungen immer wieder für Momente überwinden. Und diese Erfahrung kann uns sehr verändern und das Vertrauen in den unfassbaren Grund, der uns trägt, wecken und stärken. Auch aus diesem Grund betone ich den großen Wert langjähriger Beziehungen so sehr. Immer und immer wieder.

3. Der Schleier der Verblendungen

Ohne Vertrauen in Buddha-Natur oder in den göttlichen Urgrund in uns und allen fühlen wir uns in übertriebener Weise getrennt. Der protestantische Theologe Paul Tillich spricht von einer folgenreichen Verwechslung: Wir verwechseln unsere *existenzielle* Getrenntheit als Individuen mit einer *essenziellen* Getrenntheit von anderen, von der Natur und der ganzen Welt. Viele Menschen in vormodernen Zeiten fühlten aber auch dann, wenn sie sich langsam individualisierten, eine tiefe Verbindung mit allem und allen, und das war möglich durch tragfähige Beziehungen und geteilte Werte und Praktiken, durch Sitten und Bräuche.

Wo diese tragenden Säulen in der Moderne und Postmoderne wanken, werden viele Menschen, die ihren Beruf, den Arbeitsplatz und die Nachbarschaft häufig wechseln müssen, verunsichert. Darunter leidet auch oft ihre Gesundheit, und dann verzweifeln sie immer mehr. Wer sich einsam und ohnmächtig fühlt, reagiert schnell mit Wut und Schuldzuweisungen, mit Angst und Flucht vor Verantwortung und vor tiefen Gefühlen. Manche regredieren ins Stammesverhalten und verbarrikadieren sich in ideologischen Gruppen und in Zeiten des Internets vor allem in Meinungsblasen.

Wenn das viele Menschen tun, ist das sehr gefährlich für das demokratische Zusammenleben in einem Verfassungsstaat. Auch daher halte ich einigermaßen stabile Säulen des Lebens in einer lebendigen Demokratie für unverzichtbar. Vor allem dann, wenn wie derzeit (2023) viele Krisen gleichzeitig das gewohnte Leben durcheinanderbringen: Pandemie, Artensterben und Klimawandel, Globalisierung, Kriege und eine immer größere Anzahl diktatorischer Regime.

Die klassische Beschreibung dieses Schleiers spricht von drei Hauptverblendungen: Gier, Hass und Unwissenheit oder in anderen Worten: Haben-Wollen, Nicht-Haben-Wollen und ungültige Konzepte. Ungültige Konzepte sind Vorstellungen, die wir nicht als Vorstellungen erkennen und die meist nicht oder nicht lange funktionieren.

Leider korrigieren wir unsere falschen Vorstellungen nur selten, sondern halten ganz besonders an ihnen fest. Da sie dann immer noch nicht funktionieren, suchen wir Schuldige im Außen. Und die finden wir vor allem dann schnell, wenn wir uns wenig oder nicht eingebunden fühlen in tragfähigen Beziehungen zu Menschen, die andere Ansichten und Meinungen haben. Das deutsche Wort Ent-*täuschungen* kann uns an ungültige Konzepte erinnern, denn es sagt uns sehr klar, wir können nur ent-täuscht werden, wenn wir uns zuvor ge-täuscht haben.

Wir pendeln daher häufig zwischen Festhalten an der eigenen Meinung und der Abwehr anderer Perspektiven. Das ist der schmerzvolle Dreiklang von Verblendung bzw. ungültigen Konzepten, Haben-Wollen und Nicht-Haben-Wollen. Das führt nie zu Glück und Frieden, sondern zu mehr Ohnmacht und Wut und damit oft zu Krieg und immer mehr Leid für alle Beteiligten.[32]

4. Der Schleier der Gewohnheiten

Ohne Vertrauen ins Große Ganze, mit einem starken Gefühl der Getrenntheit und getrieben von überzogenen Erwartungen und reaktiven Emotionen finden wir keinen Ausweg aus Schmerz und Leid, aus Problemen und Konflikten. Eigentlich könnte uns diese Art von Enttäuschungen aufwecken und dazu motivieren, unsere Ansichten zu hinterfragen und mit anderen zusammen nach neuen Wegen zu suchen. Aber die meisten Menschen haben sich so sehr in ihren Gewohnheiten eingerichtet, dass jede Veränderung irritiert, es sei denn, sie verspricht und ermöglicht schnell angenehme Gefühle. Aber leider dauern Sinnesfreuden nicht lange an, und Ignorieren und Ablenken von Problemen löst diese auch nicht.

Die Schleier lüften

Menschen können lernen, Probleme und einige ihrer Ursachen und Bedingungen zu erkennen und Schritte zu ihrer Lösung zu suchen und zu gehen. Allerdings braucht es dazu die Bereitschaft, die Folgen des eigenen Verhaltens zu bemerken und immer wieder zu beobachten und daraus Konsequenzen zu ziehen.

Ein kulturhistorisch sehr erfolgreicher Weg zur Bewusstwerdung ist die Beachtung von Regeln. Schon in frühen Stammesgesellschaften gab es detaillierte Anweisungen für die Durchführung von Ritualen. Und das förderte die Bewusstwerdung für Motive und Absichten für das Handeln, für das Handeln selbst und seine Folgen.[33]

Im Römerbrief sagt Paulus zugespitzt: »Durch das Gesetz entsteht die Sünde.« Das ist kein Ausdruck einer pubertären Abwehr von Regeln, sondern weist darauf hin, dass Menschen durch das

Beachten von Regeln und Gesetzen ein Verhalten bemerken lernen, das ihnen selbst und der Gruppe schadet. Leider gilt dieser Ansatz heute als reaktionär und überholt, und das ist vermutlich auch einer der vielen Gründe, warum ethisches Verhalten und Rücksicht, Höflichkeit, gutes Benehmen und auch Vorsicht abgewertet und lächerlich gemacht werden.

Ich beginne die Beschreibung des Lüftens der Vier Schleier von unten, denn solange wir unser Verhalten mit Körper, Rede und Geist nicht bemerken, können wir auch die Folgen unseres Handelns nicht beobachten und korrigieren, wenn es uns und anderen schadet. Und das verhindert auch das Hinterfragen von Erwartungen und Vorstellungen.

1. Den Schleier der Gewohnheiten lüften

Statt »me first«, Egozentrik und Rücksichtslosigkeit als zentrale Elemente der Freiheit zu propagieren, geht es beim Bemerken und Lüften der Schleier darum, die mittel- und langfristigen Folgen unseres Handelns für uns und andere und für die Welt um uns herum zu bemerken. Im Sommer 1977 versuchte ich zum ersten Mal, einen Tag lang die ethischen Regeln für Laien und vor allem die der angemessenen Rede zu beachten. Ich werde sie im nächsten Kapitel ausführlicher vorstellen und Reflexionen dazu vorschlagen. Zusammengefasst geht es darum, dass wir uns bemühen nicht zu töten und zu stehlen, andere nicht zu verführen, niemanden durch unsere Rede zu verletzen und auch unseren Geist nicht durch Drogen und Alkohol zu vernebeln.

Zu den Hinweisen für die angemessene Rede gehört auch das Bemühen, nur das zu sagen, von dem wir *wissen*, dass es wahr und hilfreich ist. Schon nach ein, zwei Stunden Übung in unserer internationalen Hippie-Gemeinschaft im nordindischen Dharamsala wollte ich am liebsten gar nicht mehr reden. Denn ich bemerkte, wie ich z. B. meine Biografie beschönigte und manchmal erst im Nachhinein mitbekam, dass ich jemanden mit altklugen politischen oder feministischen Sprüchen verletzt hatte. Die Praxis der ethischen Regeln, der Silas, weckte schnell Erinnerungen an meine guten Erfahrungen mit der regelmäßigen Beichte als katholisches Kind. Meist setzte ich mich mit meinem etwas jüngeren evangelischen Cousin, mit dem ich häufig spielte, zusammen und wir sprachen über mein Verhalten der letzten vier Wochen. So bemerkte ich schon mit elf, zwölf Jahren schnell, dass und wen ich verletzt oder belogen hatte oder dass ich nach dem Einkaufen meiner Mutter 50–60 Pfennig Rückgeld nicht wiedergegeben hatte.

Ich bemerkte also durch die regelmäßige Beichte, *dass* ich gelogen oder gestohlen oder andere mit groben Worten oder Streichen verletzt hatte. Zum Glück hatte ich einen sehr verständnisvollen Stadtpfarrer, der den monatlichen Bericht über meine kleinen Sünden verständnisvoll anhörte. Er fragte mich z. B. manchmal, ob ich die anderen durch mein Schimpfen oder Lügen verletzen *wollte*, und das hatte ich natürlich nicht gewollt. Es war einfach passiert. Und er tröstete und ermutigte mich, weiter zu üben mit dem Hinweis, dass ich mich zumindest *bemüht* hatte, niemand zu verletzen. Und das sei gut genug und ich solle mich einfach weiter darum bemühen. Diese Situation blieb mir im Gedächtnis, und ich sehe mich heute noch erleichtert den Beichtstuhl verlassen und spüre diesen Trost und die Erleichterung, dass es nicht um perfektes Verhalten geht, sondern um das Bemühen, andere nicht zu verletzen.

Mit der neuen Praxis der buddhistischen Silas konnte ich mühelos an diese Erfahrungen anknüpfen, und ich schätze die ethischen Regeln bis heute und gebe sie gerne in Kursen und Vorträgen weiter.

2. Den Schleier der übertriebenen Getrenntheit lüften

Ich werde am Du. […] Alles wirkliche Leben ist Begegnung.
MARTIN BUBER

Wir sind existenziell getrennt, aber essenziell verbunden.
PAUL TILLICH

Jeder Mensch ist anders, und wir sind und bleiben einzigartige Individuen, selbst dann, wenn wir uns strikt an die Regeln und Sitten unserer Umgebung halten. Denn wir tun das vermutlich nur dann, wenn uns nichts Besseres einfällt oder wir uns davon Anerkennung und Zugehörigkeit versprechen.

In den Worten von Paul Tillich sind wir zwar *existenziell* getrennt, aber *essenziell* verbunden.[34] Als Individuen können wir potenziell und im Prinzip machen, was wir wollen. Und das ist die Voraussetzung für Veränderungen in Wirtschaft und Gesellschaft, Religion und Politik, Wissenschaft, Kunst und Kultur. Weil wir Individuen sind, können wir uns aus dem Kollektiv ein Stück herauslösen und eigene Wege ausprobieren. Das tun immer nur wenige, denn es ist nicht einfach, aber möglich.

Leider ist eine pervertierte und einseitige Form der Individualisierung – »me first«, d.h. Freiheit nur für mich ohne Verantwortung für die Folgen für Menschen, Natur und Gesellschaft – zum Schlachtruf der Freiheitsideologen des modernen und postmodernen Kapitalismus und des vor allem ökonomisch interpretierten Liberalismus und der libertären Bewegungen geworden, von denen ich im Abschnitt über das Lüften des 1. Schleiers bereits gesprochen habe. Vergessen und ignoriert bleibt die tiefe Einsicht von Adam Smith, der Ethik noch als Teil der Wirtschaft und Politik interpretierte.[35]

Individualisierung ist nur eine Seite der menschlichen Verfassung. Wir sind *zuerst* und vor allem soziale Wesen, und nur in tiefer Bezogenheit und Zugehörigkeit können wir verantwortliche Individuen werden. »Ich werde am Du. […] Alles wirkliche Leben ist Begegnung«[36], betont der jüdische Religionsphilosoph Martin Buber. Er war ein wichtiger Lehrer für Paul Tillich, und auch ich schätze und lese ihn immer wieder mit großem Gewinn seit den 1980er-Jahren.

Wie können moderne und postmoderne Menschen wieder Zugang zu ihrer essenziellen Verbundenheit mit allen und allem, zu Menschen, Gott und Welt finden? Aus meiner Sicht müssen sie zuerst ihre Sehnsucht danach entdecken. Und das geschieht meist in Krisenzeiten und Umbrüchen. Einige Menschen verzweifeln an ihrer Einsamkeit, und Jürgen Habermas und andere Autoren interpretieren das als Folge einer »metaphysischen Obdachlosigkeit«[37]. Viele Kritiker religiöser Institutionen und heutiger spiritueller Bewegungen mögen dies überhaupt nicht hören, denn für sie ist der Mensch das Maß aller Dinge. Einige von ihnen setzen ihr Vertrauen eher in eine technische Optimierung des Menschen durch die sogenannte Künstliche Intelligenz, obwohl sie menschliche Sehnsüchte und Bedürfnisse nicht versteht und keine Zugehörigkeit schaffen oder fördern kann.[38]

Ich möchte nochmals betonen, dass wir stabile Beziehungsnetze brauchen, die durch regelmäßige Kontakte mit realen Menschen in konkreten Zusammenhängen entstehen und wachsen können. Besonders eine über lange Zeit geteilte religiöse oder auch spirituelle Praxis scheint das Vertrauen in die essenzielle Verbundenheit mit und die Zugehörigkeit zum Großen Ganzen zu wecken und zu fördern.

Das Interesse an Meditation und spiritueller Praxis, das seit den 1960er-Jahren besteht und immer größer geworden ist, scheint Ausdruck dieser Sehnsucht zu sein. Ich vertraue darauf, dass Menschen, die sich nach essenzieller Verbundenheit sehnen, alte Formen spiritueller Praxis wiederentdecken oder neu erfinden und ausprobieren werden. Man kann das nicht in Gremien am Grünen Tisch erfinden und sich ausdenken, aber Räume dafür suchen und gestalten.

Auch aus diesem Grund schreibe ich trotz aller Krisen die christlichen Kirchen und unvollkommenen religiösen und spirituellen Gemeinschaften nicht ab. Und ich setze große Hoffnungen in den inner- und interreligiösen Dialog, an dem ich mich seit Mitte der 1980er-Jahre auch gerne beteilige.

3. Den Schleier der Verblendungen lüften

Hinter jeder Ent-täuschung steckt eine Täuschung.
BUDDHISTISCH

Warum reagieren wir auf manche Erfahrungen mit Haben-Wollen, Nicht-Haben-Wollen und mit Leugnen, Ignorieren oder Rechthaberei? Weil wir an überzogenen Erwartungen und ungültigen Konzepten festhalten. Warum tun wir das? Weil wir unsere Vorstellungen meist nicht hinterfragen, sondern für wahr und richtig halten. Und warum tun wir das? Weil wir nicht genau hinschauen und aus Gewohnheit so oder so reagieren. Wie können wir das verändern? Wir können lernen, die Täuschungen hinter unseren Ent-täuschungen zu bemerken. Aber das lernen wir nur, wenn wir ein kleines bisschen Einsicht in die Grenzen unseres Denkens und Meinens haben. Diese Grenzen müssen wir entdecken wollen, und das fällt uns leichter, wenn wir regelmäßig Kontakt mit Menschen haben, die wir schätzen und achten, die aber einige Dinge und Zusammenhänge anders sehen als wir selbst.

Wir lernen in den Worten von Hannah Arendt die Grenzen unseres Denkens erkennen, wenn wir gerne Gespräche mit »Menschen im Plural« über unser Leben und über die gemeinsame Welt führen.[39] In meiner Großfamilie habe ich schnell gelernt, dass meine Großmutter einige Dinge anders sah als meine Mutter oder meine Tante. Und auch anders als unsere Angestellten und viele Gäste aus Nah und Fern, die sich in unserem Lokal einfanden.

Schon als kleines Mädchen mit vier, fünf Jahren sagte mir meine Lebenserfahrung: Menschen sind verschieden und denken unterschiedlich. Das tun sie nicht, weil die einen blöd und dumm sind und die anderen klug und besser informiert, sondern weil sie anders sind. Und selbst dann, wenn sie dummes Zeug reden, sind sie nicht schlecht oder böse, sondern sie schätzen eine Situation anders ein, weil sie anders leben, einen anderen Beruf haben oder das, was meine Mutter weiß, nicht wissen oder wissen können.

Ich bin meiner Großfamilie unendlich dankbar, dass ich das schon als Kind lernen durfte und konnte. So war ich als Studentin ziemlich immun gegen die revolutionären Phrasen meiner 68-Generation, von denen einige so genau Bescheid wussten, was richtig und falsch ist, dass ich über diese Sturheit eigentlich immer nur lachen konnte. Die Empfehlung »Suche die Täuschung hinter der Enttäuschung« begleitet mich nun schon seit bald vierzig Jahren, als ich sie zum ersten Mal von Tarab Tulku, einem tibetischen Lama, der seit 1967 in Dänemark lebte und mit einer Dänin verheiratet war, bei einem Kurs in unserem Zentrum hörte. Lama Yeshe hatte uns kurz vor seinem Tod im Frühjahr 1984 vorgeschlagen, diesen Lama und weitere tibetische Lamas, die seit Ende der 1960er-Jahre in Europa lebten und lehrten, einzuladen.

Seine Erläuterungen zu gültigen und ungültigen Vorstellungen und Konzepten faszinierten mich sofort. Sie machten so viel Sinn, und die deutsche Sprache weist auf diesen Zusammenhang sehr genau hin, wenn sie von »Ent-täuschungen« spricht. Eigentlich müssten wir uns freuen, wenn wir »ent-täuscht« werden, denn dann haben wir die Chance, aus einer Täuschung zu lernen. Wir können sie hinterfragen und unsere Vorstellungen korrigieren, indem wir z. B. die Person, die uns enttäuscht, fragen, was ihre Sicht der Dinge und Erwartung ist. Das können wir aber meist nur dann, wenn wir die Person schätzen und annehmen, dass auch sie das Beste will oder es zumindest versucht.

Sobald wir unsere Vorstellungen und Konzepte als ungültig erkennen, reagieren wir nicht mehr automatisch mit Festhalten an der eigenen Meinung und der Abwehr einer anderen Perspektive.

Und selbst dann, wenn wir mit der Interpretation unseres Gegenübers, z. B. einer Arbeitskollegin oder eines Nachbarn, nicht einverstanden sind, reagieren wir nicht gleich rechthaberisch und je nach Situation ängstlich oder wütend, sondern wir fragen nach und versuchen, unsere Sicht zu erweitern oder unsere Erwartungen zu überprüfen.

Auch wenn ich das seit bald vierzig Jahren mit großer Bereitschaft und gerne übe, ärgere ich mich immer noch über manche Ansichten und Verhaltensweisen anderer. Aber meist geht es dann um Menschen, die ich wenig oder gar nicht kenne. Und dann versuche ich, wenigstens zu überlegen oder falls möglich nachzufragen, aus welchen Motiven oder Absichten sie diese Meinung vertreten und was genau sie tun oder lassen wollen oder anderen empfehlen würden.

Ich bin seit Mitte der 1980er-Jahre häufig mit dem Zug gefahren und sitze in den letzten 25 Jahren meist im Bordbistro. Immer wieder gibt es spannende Gespräche mit Menschen aus unterschiedlichen Berufen, Ländern und Regionen, und ich lerne viel dabei. Es geht ja nicht darum, dass wir mit allen Menschen zusammenarbeiten oder ein neues Projekt entwickeln müssen. Im Zwischenzustand einer Reise haben einige Menschen Zeit und ein bisschen Interesse an ihrem Gegenüber. Gerade durch solche niedrigschwelligen Kontakte können wir unseren Horizont fast mühelos erweitern, denn diese Gespräche haben meist keine direkten und spürbaren Folgen für unser Leben.

Wenn uns dieser Ansatz einleuchtet, sind wir vielleicht bereit, bei Enttäuschungen nicht nur die Schuldigen im Außen zu suchen oder uns selbst zu verurteilen, sondern wir können unsere Ansprüche und Erwartungen an uns selbst und andere überprüfen und bei Bedarf auch korrigieren. Das braucht allerdings viel Interesse und Geduld, denn der Schleier der Gewohnheiten ist sehr dick und schwer zu lüften. Und den zu lüften, ist der nächste Schritt.

4. Den Schleier der Gewohnheiten lüften

Wir meinen vielleicht, der Schleier der Gewohnheiten sei der Schleier, der am leichtesten zu lüften ist, denn unser Verhalten und unsere Gewohnheiten können wir nicht nur sehen und hören, sondern mit *allen* Sinnen und mit dem Verstand wahrnehmen. Aber meist finden wir unser Verhalten mit Körper, Rede und Geist so selbstverständlich und »normal«, dass wir es nicht einmal mehr wahrnehmen. Wenn uns dann jemand lobt oder kritisiert, bemerken wir für Momente vielleicht, was wir gerade gesagt oder getan haben, aber schnell schalten wir wieder auf Autopilot. Auch aus diesem Grund halte ich die Beachtung ethischer Regeln und ein höfliches und rücksichtsvolles Benehmen nicht nur für sehr hilfreich, sondern für unverzichtbar für eine bewusstere Wahrnehmung von uns selbst und anderen. Denn dann achten wir zumindest in der Gegenwart von anderen häufiger und genauer auf unser Verhalten, als wenn wir allein sind.

Wie bereits erwähnt, habe ich schon als Kind, vor allem aber seit der Begegnung mit dem Buddhismus, durch die Beschäftigung mit ethischen Regeln, viel über mich gelernt. Ich achte mehr auf meine Motive und Absichten, darauf, warum und wozu ich dies oder jenes sage und tue, und dadurch bemerke ich auch häufiger, was ich denke. Auch die regelmäßige Übung stiller und thematischer Meditationen trägt viel dazu bei zu bemerken, was mich gerade beschäftigt und zum Reden und Handeln oder zum Nichthandeln bewegt.

Je häufiger ich mein Verhalten bemerke, desto mehr achte ich auf die *Folgen* meines Handelns, und so verstehe ich besser, welches Verhalten mir und anderen hilft und welches schadet. Das wiederum motiviert mich noch mehr, auf mein Verhalten zu achten. Die ethischen Regeln sind dabei eine gute Orientierung und ihre Beachtung hält mich wach bzw. weckt mich auf, wenn ich unbewusst oder unachtsam andere oder auch mich selbst ignoriere oder verletze. Wir achten mehr auf unser Verhalten und hinterfragen es auch häufiger, wenn uns das ein tiefes Anliegen ist und wir uns nicht nur deshalb an ethische Regeln halten, weil wir Angst haben, Fehler zu machen oder abgelehnt oder kritisiert zu werden.

Viele psychotherapeutische Ansätze unterstützen uns seit Jahrzehnten dabei, kognitive und emotionale Blockaden und Hindernisse zu erkennen und mit geeigneten Methoden und Übungen abzubauen. Gerade auch körpertherapeutische Verfahren können dazu beitragen, eingefahrene schädliche Gewohnheiten häufiger zu bemerken und dann mit Geduld und Humor zu verringern.

Als Studentin und junge Frau, vor der Begegnung mit dem Buddhismus, aber auch danach, habe ich unterschiedliche psychotherapeutische und körpertherapeutische Verfahren kennengelernt, und ich freute mich damals und freue mich auch heute noch sehr darüber, wie präzise die buddhistischen Unterweisungen über die Vier Schleier auf unterschiedlichen Ebenen kognitive und emotionale Blockaden erfassen und wie viele brauchbare Methoden sie kennen und beschreiben, um sie abzubauen.

Exkurs: Drei Runden der Vier Edlen Wahrheiten

Tu Gutes, meide das Böse
und kläre Herz und Geist.
DIE LEHRE DER SIEBEN BUDDHAS. ZEN

Buddha lehrte seine Botschaft der Befreiung und des Erwachens vor rund 2500 Jahren. Im Laufe der Jahrhunderte danach wurden durch den Kontakt mit unterschiedlichen Kulturen in Asien immer wieder bestimmte Aspekte mehr oder weniger betont bzw. rückten in den Hintergrund. Das ist angemessen für jeden Ansatz, der Menschen in einer bestimmten Zeit und Kultur helfen will und soll, das Gute zu tun, das Böse zu lassen und Herz und Geist zu klären. Ich fasse hier die drei großen Strömungen des Buddhismus in Anlehnung an die tibetische Gelug-Tradition und die heutige Interpretation meiner Kollegen Peter Fenner und Stephen Batchelor in meinen eigenen Worten zusammen.[40] In meinen Kursen und in den nach 2022 entstandenen Beiträgen und Büchern interpretiere und lehre ich diese drei Ansätze als »Drei Runden der Vier Edlen Wahrheiten«. So bleibt bei allen Unterschieden der Betonung der Bezug zu den zentralen Lehren des Buddha lebendig und deutlich:

Der Frühe Buddhismus hebt *Reinigen und Ansammeln* hervor. Das spätere Mahayana betont zunächst Leerheit und Bedingtes Entstehen, Mitgefühl und Weisheit und das *Vertrauen in Buddha-Natur* in allem. Auf der Grundlage von Reinigen und Ansammeln und Vertrauen in Buddha-Natur lehrt es dann den *Weg der Bodhisattvas.* Dieser Weg wird im chinesischen und japanischen Zen in Vier Gelübden zusammengefasst, die weiter unten noch erläutert werden. Bodhisattvas wollen zum Wohle aller Wesen leben und das führt zum Erwachen vieler wunderbarer Fähigkeiten. Das Mahayana unterscheidet zwischen den Lehrbuddhas eines ganzen Zeitalters und den vielen Erwachten aller Zeiten und Räume, die jeweils in einer bestimmten Gruppe, Kultur und Zeit wirken und Menschen auf dem Weg zur Befreiung und zum Erwachen inspirieren.

Befreiung von Verblendungen: Reinigen und Ansammeln

Alle buddhistischen Traditionen unterscheiden Befreiung von Verblendungen und völliges Erwachen. Der *Frühe Buddhismus* sieht Befreiung vor allem als Möglichkeit für Ordinierte, und vollständiges Erwachen erreicht aus seiner Sicht in jeder Epoche nur ein Mann, der dann »Buddha«, der Erwachte, genannt wird, von Pali *budh*, wach. Befreiung ist möglich, wenn auch selten und nicht einfach, für Mönche – und nach einigem Widerstand der damaligen Gesellschaft auch für Nonnen. Sie können ihre Verblendungen durch hingebungsvolle Praxis allein und mit anderen immer genauer erkennen und nach und nach etwas abbauen. Aus dem Grund betont der Frühe Buddhismus vor allem das Reinigen von Verblendungen und das Ansammeln heilsamer Vorstellungen, Einstellungen und Gewohnheiten.

Im Zentrum steht die Übung der ethischen Regeln, die das Bewusstwerden über unser Verhalten mit Körper, Rede und Geist und seine Folgen für uns selbst und andere fördern. Manche Vertreter des Mahayana nennen diese Strömung etwas abwertend Hinayana, Kleines Fahrzeug, von *hina*, gering oder klein, und *yana*, Fahrzeug, da es sich nicht an alle Menschen wendet, sondern vor allem hochmotivierte Einzelne bei der Befreiung von Verblendungen unterstützt. Aber auch das ist ein sehr wertvoller Weg für einige Menschen, und Überheblichkeit ist weder hier noch überhaupt angemessen, sie fällt nur als Unsicherheit und innerer Druck auf ihre Vertreter zurück und blockiert ihre Entwicklung zum heilsamen Leben.

Das Mahayana, das Große Fahrzeug, von *maha*, groß, und *yana*, Fahrzeug, wie sich diese Strömung sehr selbstbewusst in Abgrenzung vom Frühen Buddhismus nennt, entstand im 2. Jh. n. Chr. Es richtet sich seinem Anspruch nach an alle Menschen und betont vor allem das Zusammenspiel von Weisheit, *prajna*, und Mitgefühl, *karuna*. Dieser Begriff hat die gleiche Wurzel wie das lateinische Wort *caritas*, denn das indische Sanskrit gehört zur indo-europäischen Sprachfamilie.

Mitgefühl ist eine potenziell universelle Haltung. Die Einfühlung in die Situation anderer, die nicht zur eigenen Sippe gehören, und Mitgefühl mit ihrem Leiden sind zentral, allerdings gehört dazu zum einen die Unterscheidung zwischen dem eigenen Leiden und dem der anderen und zum anderen neben dem Wunsch, von Leiden frei zu werden, vor allem das *Vertrauen*, dass dies möglich ist, auch wenn man in einer Situation nicht weiß, wie. Dieses umfassende Mitgefühl, das sich auch auf Menschen außerhalb der eigenen Sippe richtet, ist eine Entdeckung der philosophischen und religiösen Bewegungen der Achsenzeit.[41]

Vertrauen in Buddha-Natur und der Schock der Leerheit

Vertrauen in Buddha-Natur und allumfassendes Mitgefühl entstehen
durch tiefe Einsicht in Bedingtes Entstehen und Leerheit.
DAS HERZ DES MAHAYANA

Weil alles bedingt entsteht, ist es leer von Selbstexistenz.
Weil alles leer ist von Selbstexistenz,
kann es bedingt entstehen und vergehen.
NAGARJUNA, 2. JH. N. CHR.

Die allgemeinste Formulierung der neuen Ethik der Achsenzeit ist die Goldene Regel in unterschiedlichen Varianten: »Was du nicht willst, dass man dir tu', das füg' auch keinem andern zu.«[42] Diese Art sippen- und stammesübergreifender Haltung wird aus Mahayana-Sicht dadurch möglich, dass sich tiefe Weisheit mit tiefem Mitgefühl verbindet, und das geschieht durch zwei tiefe Einsichten: in Bedingtes Entstehen und Leerheit.

Das unerschütterliche Vertrauen in Buddha-Natur ist nicht Ausdruck eines naiven Glaubens an das Gute im Menschen oder in der Natur, und allumfassendes Mitgefühl ist auch kein sentimentales Gefühl. Das wird deutlich an ihrem Kontext und ihrer Grundlage: der Einsicht in Leerheit und Bedingtes Entstehen, jenseits von Worten, Begriffen und Gefühlen. Dieser Weg ist kein Sonntagsspaziergang.

Mit Leib und Seele und allen Dimensionen unseres Lebens tief zu verstehen, dass es keine in Worten fassbare absolute Wahrheit gibt und dass alle Erfahrungen so komplex sind, dass sie niemand besitzen, kontrollieren und begrifflich verstehen kann, bedeutet für die wenigen, die sich dieser Einsicht nähern können, zunächst eine tiefe Erschütterung.

Der spanische Karmeliter-Mönch San Juan de la Cruz, Johannes vom Kreuz, fand im 17. Jh. dafür den Begriff »Dunkle Nacht der Seele und des Geistes«. Er unterschied diese Erfahrung sehr klar von Schwermut, von dem, was wir heute vielleicht Depression nennen würden. Für mich beschreibt er in einer unfassbaren Klarheit das, was das buddhistische Mahayana »Entsagung und Schock der Leerheit« nennt.[43] Die Dunkle Nacht der *Seele* erleben wir, wenn wir mit Leib und Seele begreifen, dass schöne Gefühle keine letztliche Erfüllung schenken. Die Dunkle Nacht des *Geistes* macht uns klar, dass Begriffe und Theorien weder tiefe Einsicht noch Erlösung schenken können. Das ist schwer zu akzeptieren für heutige Menschen, die an Begriffe glauben.

Im Buddhismus gilt *Entsagung* als eine *Folge* der tiefen Einsicht, dass Sinneserfahrungen und schöne Gedanken keine Erfüllung schenken. Erst mit dieser Einsicht können wir auf vieles verzichten, was eher vom Weg ablenkt: ein überzogenes Streben nach Status und Besitz, Anerkennung bzw. Zuwendung und angenehmen Gefühlen. Wir leiden dann weniger, wenn wir sie nicht bekommen oder wieder verlieren. Johannes riet den Menschen, die die Dunkle Nacht erleben, nicht zu verzweifeln, sondern mit den Übungen fortzufahren, die sie dahin geführt haben. Und er versprach ihnen, dass sie, wenn sie einfach weiter üben, eine Art von Gottvertrauen entdecken, das weder auf angenehmen Gefühlen noch auf klugen Gedanken und Begriffen beruht.

Als ich sein Buch *Die Dunkle Nacht* in den Nuller-Jahren entdeckte und zum ersten Mal las, fand ich die Parallelen zu den buddhistischen Aussagen über Entsagung und Leerheit verblüffend. Ich konnte sie durch seine lebendige Beschreibung noch tiefer verstehen, jenseits von Worten und Bildern. Und Johannes begleitet mich weiter.

Leerheit ist im Buddhismus ein zentrales Konzept. Alle Phänomene entstehen bedingt und abhängig von komplexen Bedingungen, die wir nie alle fassen und beschreiben können. Und aus diesem Grund sind sie *leer* von allen Definitionen, Vorstellungen und Begriffen, die wir ihnen zuschreiben. Für das Mahayana gibt es keine fassbaren und absolut gültigen Aussagen über uns und die Welt, sondern bestenfalls gültige Konzepte, die uns Orientierung im Leben geben.

Aus diesem Grund spricht das Mahayana auch von zwei Dimensionen der Wirklichkeit: *Leerheit* gilt als die höchste Dimension jenseits von Worten und Begriffen, und *konventionelle* Wahrheit ist bedingt durch Zeit und Kultur und regionale Sitten. Sie kann und muss sich immer wieder verändern, da sie auf Absprachen und Konventionen der Menschen beruht, die zusammenleben. Das bedeutet nicht, dass diese konventionellen Regeln bewusst oder gar durch demokratische Prozesse entstanden sind und verändert werden konnten, sondern schlicht, dass sie Spiegel einer bestimmten Einstellung zum Leben in einer bestimmten Kultur und Epoche waren und auch an vielen Orten der Welt heute noch sind.

Als ich das zum ersten Mal 1977–1979 im indischen Dharamsala und im Meditationszentrum Kopan in Nepal hörte, war ich tief beeindruckt von dieser Verbindung von radikalem Hinterfragen und der Anerkennung und Wertschätzung regionaler Sitten und Bräuche. Diese Haltung fehlt vielen radikalen Kritikern unserer Gesellschaft, auch weil sie an die absolute Wahrheit ihrer Perspektive glauben. Der Begriff »absolut« weist auf eine weltfremde Haltung hin, als gäbe es eine von unseren Erfahrungen völlig losgelöste Wahrheit (in lat. *absolutus*, »in sich abgeschlossen, vollständig, vollkommen« steckt das lateinische Wort *solutus*, »gelöst, locker, ungebunden, frei«). Aber alles hängt mit allem zusammen, und so macht auch Leerheit nur Sinn in Verbindung mit Bedingtem Entstehen und Mitgefühl. Auch aus diesem Grund helfen mir die Unterweisungen zum Thema Leerheit seit Jahrzehnten, mit privaten Krisen- und politischen Umbruchzeiten klarzukommen.

Ich *weiß*, jenseits von Worten und Begriffen, dass kein fassbarer Masterplan »von oben« das Klima und die Welt, die Natur und die Artenvielfalt retten kann. Sondern dass nur im Gespräch mit »Menschen im Plural« über die gemeinsame Welt immer wieder Wege und Mittel gefunden und ausgehandelt werden können, die hoffentlich eine gute Entwicklung fördern und schädliche Ansätze reduzieren oder ganz stoppen können. Auch Sokrates, der wie Buddha in der Achsenzeit lebte, betonte, wie wichtig es ist, Fragen zu stellen, denn er wusste nur eines sicher: »Ich weiß, dass ich nichts weiß.«

Die tiefe Einsicht in die Grenzen des eigenen Wissens und Könnens ist Voraussetzung für offene Gespräche über die gemeinsame Welt. Sie bedeutet gerade nicht, dass wir nichts tun können, da wir nichts wissen. Sondern dass wir bereit sind, uns für unterschiedliche Perspektiven auf eine konkrete Herausforderung zu öffnen. Nur so können wir hilfreiche Schritte absprechen und ausprobieren. Eine Gruppe von Rechthabern findet selten gute Lösungen für alle, sondern verbeißt sich schnell in Feindbilder, in eine Wir-gegen-euch-Haltung, die kaum dazu beiträgt, Probleme zu lösen.

Der Weg der Bodhisattvas

So wie die Buddhas der Vergangenheit Bodhicitta entwickelten und sich im Stufenweg der Bodhisattvas übten, so will auch ich Bodhicitta entwickeln und mich im Stufenweg der Bodhisattvas üben.

VARIANTE DES BODHISATTVA-GELÜBDES

Der Weg der Bodhisattvas – ein Leben zum Wohle aller – sprengt alle Vorstellungen, und wir können ihn mit den fünf Sinnen und dem Verstand nie ganz fassen. Menschen wollen ihn seit zweitausend Jahren gehen, aus einer tiefen Sehnsucht nach Fülle heraus, aus einer Ahnung von Verbundenheit, die Mut macht und inspiriert.

Der Wunsch, zum Wohle *aller* zu erwachen, setzt voraus, dass wir unsere Verblendungen einigermaßen kennen, wenig oder keine Schuldzuweisungen machen und keine Feindbilder brauchen. Und dass wir mit Leib und Seele darauf vertrauen, dass alle Wesen von einer unfassbaren Weisheit getragen werden, was auch geschieht. Ob wir das Buddha-Natur, Gott oder göttlichen Urgrund nennen, ist zweitrangig, denn das hängt ab von unserem kulturellen und religiösen Hintergrund.

Zunächst fühlen wir uns vielleicht angezogen von der Vision, zum Wohle aller zu leben, weil wir genug haben von Feindbildern und irgendwie wissen, dass eine Wir-gegen-euch-Haltung niemals Glück und Frieden bringen kann. So ging es mir 1977, als ich im nordindischen Dharamsala zum ersten Mal von diesem Weg hörte: Ja bitte, sagte mein Herz. Endlich ein Weg, der niemanden ausschließt oder abwertet.

Aus dieser Inspiration entsteht zunächst das Bodhicitta, das

Erwachen mit Herz und Geist, als *Wunsch*. Und wenn wir uns mit den Lehren, Übungen und Geschichten dazu beschäftigen, fangen wir vielleicht Feuer und wollen lernen, wie das geht. Und wenn wir anfangen, es Tag für Tag zu üben, mit den Methoden, die zu uns passen, leben wir das Bodhicitta der *Tat*. Es geht also nicht um überzogene Ansprüche an uns – oder gar an andere –, sondern darum, einen Weg zu gehen, dessen Botschaft uns ins Herz trifft.

Seit über 45 Jahren gehe ich diesen Weg mit all seinen Aufs und Abs. Ich ärgere mich immer noch über »blöde« und »gemeine« Leute, und manchmal packt mich der politische Weltschmerz angesichts der vielen Krisen, der ewigen Streitereien über sinnvolle Wege, das Klima zu retten und aus den grausamen Kriegen herauszufinden. Wie können wir das Beste daraus machen, auch dann, wenn wir die Krisen hier und heute noch nicht oder vielleicht nie völlig überwinden können? Mitten in diesen Momenten von Ärger oder Verzweiflung erklingt plötzlich und wie von selbst in mir einer der Verse zum Bodhisattva-Weg. Ich halte kurz inne und dann leuchtet wieder mein Herzenswunsch auf: ein Leben zum Wohle aller. Ja – Bitte. Ja – Danke.

Ich wünsche mir das so sehr, dass dieser Wunsch auch meinen Ärger und meine Wut, Ängste und Verzweiflung lockert. Zumindest ein bisschen, so dass ich nicht aus diesen reaktiven Emotionen heraus agiere. Sehen befreit, betont das Mahayana. Eine reaktive Emotion, die ich bemerke und erkenne, führt nicht mehr automatisch zu unheilsamem Handeln. Ich kann sie sehen und spüren, mich beruhigen und sie manchmal ganz loslassen. Dann bin ich für Momente und manchmal Stunden befreit vom Schleier der Verblendungen und der schädlichen Gewohnheiten. Weil ich für Momente das tiefe Vertrauen in Buddha-Natur und die unfassbare Verbundenheit mit allen und allem gespürt habe und spüre und – vor allem – darauf vertraue.

Die Vier Zen-Gelübde

Der Wesen sind unendlich viele.
Ich gelobe, sie alle zu retten.
Die Leidenschaften sind unerschöpflich.
Ich gelobe, sie alle zu überwinden.

Der Tore der Wahrheit sind unzählbar viele.
Ich gelobe, sie alle zu durchschreiten.
Der Weg der Buddhas ist unendlich.
Ich gelobe, ihn bis zum Ende zu gehen.
DIE VIER BODHISATTVA-GELÜBDE IM ZEN

Die Sprache dieses Verses ist paradox, und zwar bewusst und willentlich, denn sie will und soll uns herausschleudern aus dem linearen Denken. Wir überlegen vielleicht zunächst: Gut, sage mir wie viele Wesen wie und wo leben, und dann erstelle ich einen konkreten Plan, wie ich sie nacheinander retten kann und wer mir dabei helfen könnte. Diese Art, linear und monokausal in Plänen und steuerbaren Abläufen zu denken, hat vielen Menschen durch Industrialisierung und Technik großen materiellen Fortschritt beschert. Verführt durch diese fassbaren Erfolge von Plänen und Methoden glauben daher viele, denen das Wohl ihrer Mitmenschen, von Tieren und Natur am Herzen liegt, dass sie auch hier mit klugen Masterplänen ihr Ziel erreichen könnten. Aber jeder Mensch ist anders, und Gesellschaften und Kulturen sind hochkomplexe Systeme, die niemand völlig in den Griff bekommt. Industrie und Technik haben leider häufig sehr unerwünschte Nebenwirkungen, die unser Leben auf diesem Planeten heute gefährden: Klimaerwärmung und Artensterben, Wassermangel, Trockenheit und Überschwemmungen.

Seit Ende der 1980er-Jahre beschäftige ich mich mit diesen Vier Gelübden des Zen. Durch die regelmäßige Wiederholung des Verses und die Reflexion über mein Verhalten im Spiegel dieses Verses werden mir einige Hindernisse bewusster, ich entdecke konstruktives Handeln mit Körper, Rede und Geist und übe es gezielt und bewusst ein. Der Hinweis auf die vielen Wesen mit vielfältigen Verblendungen und die vielen Wege zum Erwachen, die alle nach oben offen sind und immer weiter führen, weckt und fördert Zuversicht und Bescheidenheit. Konkrete Lehren, praktisches Wissen und regelmäßiges Üben führen nie zu einer heilen Welt. Wir müssen lernen, immer und immer wieder kleine heilsame Schritte zu machen und nicht zu verzweifeln, wenn wir selbst und die Welt nie vollkommen werden.

Zwei Motive und zwei Absichten

Buddha lehrt keinen Masterplan zur Rettung der Welt, sondern spricht einzelne Menschen an, spricht von heilsamen Motiven und Absichten und empfiehlt, die Aufmerksamkeit auf mindestens vier Aspekte unseres Handelns mit Körper, Rede und Geist zu richten: Motive und Absichten, Durchführung und Folgen.

Die buddhistische Tradition unterscheidet und lehrt zwei *weltliche Motive* und zwei *heilsame Absichten.* Leider werden alle vier Haltungen im Englischen und Deutschen und in den meisten westlichen Sprachen mit dem Begriff Motivation übersetzt. Hilfreicher finde ich die Unterscheidung zwischen psychologischen *Motiven*, die primär durch *vergangene* Erfahrungen ausgelöst werden, und weniger ich-bezogene, häufig auch spirituell inspirierte *Absichten*, die sich auf *künftige* und neue Möglichkeiten beziehen. Es gibt zwei Motive: Wir suchen erstens nach kurzfristiger und zweitens nach langfristiger Befriedigung unserer Bedürfnisse. Und die zwei Absichten sind: Wir streben drittens nach Befreiung von Verblendungen und viertens nach einem Leben zum Wohle aller.

Zunächst suchen wir also, motiviert durch die Erfahrung von Mangel, Enttäuschungen und Not, nach kurz- und langfristiger Befriedigung unserer Bedürfnisse. Das müssen wir auch, denn es ist wichtig für unser Überleben. Wir brauchen Nahrung und ein gewisses Maß an Schutz und Sicherheit. Dazu gehören vier der in diesem Buch beschriebenen Fünf Säulen des Lebens: Familie und Wahlfamilie, Wohnung und Nachbarschaft, Arbeit und Gesundheit. Wenn wir bei dem, was wir sagen und tun, darauf achten, dass wir niemanden Schaden zufügen, können wir die Befriedigung kurz- und langfristiger Bedürfnisse für eine Weile erreichen.

Aber das scheint nicht wirklich auszureichen für ein gelingendes Leben. Warum nicht? Solange wir im Griff unserer Verblendungen leben, verletzen wir aus Unwissenheit, Gier und Hass andere und uns selbst. Wenn uns dagegen das Wohl von anderen am Herzen liegt, sind wir eher bereit, immer wieder unsere Motive und Absichten zu prüfen und auf die Folgen unseres Handelns zu achten. Und das tut nicht nur den anderen gut, sondern auch uns selbst. Der Buddhismus weist mit der symbolischen Zahl von 84 000 Varianten von Gier, Hass und Verblendung sehr bildhaft auf ihre große Komplexität hin. Und mit diesen vielfältigen Verblendungen schaden wir nicht nur anderen, sondern vor allem uns selbst. Wir leiden dann immer wieder unter Ohnmacht, Wut und Angst, an Einsamkeit und Verzweiflung.

Wenn uns dieser Ansatz einleuchtet, sind wir vielleicht bereit auszuprobieren, am besten mit einer guten und erfahrenen Begleitung, welche Übungen und Methoden uns beim Prüfen unserer Motive und Absichten unterstützen könnten. Durch regelmäßiges Üben gewinnen wir einen realistischeren Blick auf uns selbst und die Welt, verletzen uns und andere weniger. Und wir erkennen schließlich, dass dieser Weg nie zu Ende ist.

Wir begreifen: Wir sind mit dem Üben nie fertig, denn wir können die Komplexität des Lebens nie völlig durchschauen. Umstände und Erfahrungen können sich verändern, und das tun sie auch, und daher werden wir nie frei von den natürlichen Leiden des Lebens und – auch zusätzliches Leiden kommt immer wieder vor, denn Verblendungen sind teilweise so subtil, dass wir sie nie völlig auflösen können. So sehen das viele tibetische Lamas und auch die Lehrerinnen und Mentoren des chinesischen und japanischen Zen. Ich schließe mich ihrer Sicht gerne an, denn das passt zu meinen Erfahrungen in über 45 Jahren hingebungsvollem Üben.

Die Erwartung, in diesem oder einem weiteren Leben – falls man an Reinkarnation oder Wiedergeburt glaubt – vollständig zu erwachen, ist aus meiner Sicht ein ungültiges Konzept. Diese Sichtweise hat sich ein defizient-rationales Bewusstsein – die dominierende Bewusstseinsstruktur unserer Zeit – ausgedacht. Leben ist komplexer, als der Verstand akzeptieren will. Vollständiges Erwachen wurde in den ersten Jahrhunderten nur dem historischen Buddha zugeschrieben. Im Mahayana wurde der Begriff Erwachen weiter interpretiert und auf mehr Menschen angewendet. Erwachen galt aber immer als sehr, sehr selten.

Diese Erfahrungen und Einsichten bringen die Vier Zen-Gelübde wunderbar auf den Punkt. Und daher schätze ich diesen oben zitierten Vers sehr und rezitiere ihn seit vielen Jahren mit Hingabe – seit meiner Begegnung mit der Zen-Meditation 1988 durch meine wunderbare Lehrerin Gesshin Myoko Prabhasa Dharma Roshi (Gisela Midwer, 1931–1999), eine gebürtige Frankfurterin. Ich lernte sie im Herbst 1986 bei einer internationalen buddhistischen Konferenz in Kathmandu kennen und habe ihre Schweigewochen bis zu ihrem frühen Tod gerne und regelmäßig besucht.

11. Übungen und Reflexionen für den Alltag

Acht Grundübungen

Ich empfehle für den Alltag acht Grundübungen:
- Meditation mit dem Atem
- Aufhänger, Stimmung, Hintergrund
- Sternstunden
- Umgehen mit schwierigen Gefühlen
- Prioritäten prüfen
- Der Tod als Ratgeber
- Die Vier Unermesslichen Haltungen
- Wie alt bin ich gerade? Wer spricht?

Probieren Sie diese Reflexionen und Übungen nacheinander oder je nach Interesse ein-, zweimal aus, wählen Sie dann eine aus, die für Sie derzeit passt, und üben Sie damit vier-, fünfmal eine Woche oder einen Monat lang. Ich wechsle in der Anrede zwischen dem neutralen Sie, dem persönlicheren Du und dem inklusiven Wir. Schauen Sie, was für Sie besser passt. Weitere Übungen zu unterschiedlichen Aspekten und Herausforderungen des Lebens finden Sie in all meinen Büchern, z. B. in *Achtsamkeit und Mitgefühl*[44] oder *Hoch wie der Himmel*[45] und seit 2021 auch als Audio-Podcasts auf meiner Homepage.

Meditation mit dem Atem

Suchen Sie sich eine bequeme Haltung – auf einem Meditationskissen auf dem Boden oder auf einem Stuhl –, in der Sie 10–20 Minuten einigermaßen stabil, aufrecht und entspannt sitzen können. Eine ruhige Sitzhaltung fördert Ruhe und Sammlung, aber Sie dürfen sich auch kurz bewegen, wenn Sie starke Spannungen im Körper spüren.
Mit etwa 10–20 Prozent der Aufmerksamkeit achten Sie auf den natürlichen Atemrhythmus. Sie müssen sich nicht anstrengen, denn das wäre kontraproduktiv. Sie müssen auch nichts leisten und es gibt keine Noten für perfektes Sitzen und völlige Atemkontrolle. Das schafft eh niemand,

und falls doch, nützt das nicht viel. Spüren Sie den ruhigen Fluss von Aus- und Einatmen. In dem Augenblick, in dem Sie Sinneswahrnehmungen oder Gedanken an Vergangenes oder Zukünftiges bemerken, sind Sie wach. Kehren Sie sanft und freundlich zurück zum natürlichen Atemrhythmus, für 10 bis 25 Minuten. Es gibt keine optimale Dauer der Übung für alle. Bleiben Sie eine Weile dabei, auch wenn Sie unruhig werden. Nach 10 bis 20 Minuten Atemmeditation wissen Sie auf jeden Fall besser, was Sie gerade beschäftigt. Entweder bleiben Sie beim Atemrhythmus oder Sie bemerken Gedanken und Sinneswahrnehmungen. Sie können bei dieser Übung also keine Zeit verschwenden. Und so entwickeln Sie mit der Zeit Geduld und Humor und lernen viel über sich selbst.

Aufhänger, Stimmung, Hintergrund

Erinnere eine kleine Situation aus den letzten Tagen, in der du dich über eine Person geärgert hast. Erinnere so viele Einzelheiten wie du jetzt brauchst, um die Irritation deutlich im Körper zu spüren.

Frage dich und warte auf die Antwort: Was genau hat mich irritiert? Was war der Auslöser? Ein Satz, eine Geste? Wie habe ich reagiert? Hat die andere Person das bemerkt? Welche Folge hat mein Verhalten? Wann hat sich die Irritation abgeschwächt oder ganz aufgelöst? Ist ein Rest geblieben? In welcher Stimmung war ich unmittelbar davor? Gut gelaunt und entspannt? Neutral? Müde, angespannt, unsicher oder nervös? Was habe ich außer meiner Stimmung noch in diese Situation mitgebracht? Was habe ich erwartet? Von mir, von den anderen? Bewusst oder unbewusst? Welches Muster wurde bei mir ausgelöst? Kenne ich das Verhalten aus ähnlichen Situationen? Mit derselben Person? Mit anderen? Variante: Wie alt bin ich, wenn ich so reagiere?

Spiele jetzt die Situation noch einmal mit veränderten Bedingungen durch: gut gelaunt und entspannt, oder: Die Person ist dir sehr sympathisch oder vertraut.

Bringe dann die Übung auf den Punkt mit der Frage: Was ist mir aufgefallen? Vielleicht taucht ein Satz auf, ein Bild oder ein Schlüsselwort. Lass das einige Momente auf dich wirken.

Formuliere zum Abschluss einen Wunsch, wie sich diese Übung auf dein Leben auswirken soll. Tu das zunächst in eigenen Worten.

Ein Vorschlag: Mögen wir alle häufiger bemerken, welche Auslöser in welcher Stimmung welche Muster auslösen. Und mögen wir das tun oder lassen, was ein konstruktives Umgehen mit schwierigen Situationen fördert. Mögen wir, mögen alle Wesen glücklich sein.

Sternstunden

Denken Sie an eine kleine Situation heute oder gestern, in der Sie sich wohlgefühlt haben. Welche Bedingungen haben dabei mitgespielt? Was können Sie in den nächsten Tagen von Ihrer Seite tun bzw. lassen, das solche Momente fördert? Denken Sie an ein, zwei Beispiele.

Wenn Sie das wirklich wollen, entscheiden Sie sich jetzt im Freiraum der Übung dafür, in den nächsten drei, vier Tagen jeden Tag einmal das Ihre für einen Moment des Wohlbefindens zu tun. Diese Übung können Sie für ein, zwei Wochen jeden Tag mit unterschiedlichen Erfahrungen durchführen. So entdecken Sie immer mehr und immer unterschiedlichere Zugänge zu Freude.

Umgang mit schwierigen Gefühlen[46]

Formuliere zuerst das *Problem* in einem Satz, z.B: *Du* lehnst mich ab. Du kritisierst mich. Du siehst mich nicht. Frage dich: Wo spüre ich das im *Körper*?

Spüre die körperliche Empfindung für ein, zwei Minuten.

Welches *Gefühl* steht dahinter? Unsicherheit, Wut o.Ä.? Lass das Gefühl zu, lerne es kennen, benenne es und spüre es bewusst:

Da ist ein Gefühl von …

Frage das Gefühl dann: Was *brauchst* du? Erlaubnis, Raum, Mitgefühl?

Sage dir: Das ist *ein* Gefühl von vielen und keine ewige Wahrheit.

Schau dir jetzt das Problem noch einmal kurz an.

Beende dann die Übung oder wiederhole sie bei Bedarf.

Frage dich zum Schluss: Welche *Sehnsucht* steht dahinter? Der Wunsch, gesehen und angenommen zu werden? Perfekt zu sein?

Eine heile Welt ohne Konflikte?

Prioritäten prüfen

Wir schreiben zehn Dinge auf, die uns am Herzen liegen und dann zehn Dinge, die in der letzten Woche im Vordergrund standen.

Je mehr Raum wir für das schaffen, was uns am Herzen liegt, desto leichter können wir unsere Verpflichtungen erledigen und Zeit für das Wesentliche finden.

Der Tod als Ratgeber

Fragen Sie sich: Was würde ich noch tun, unternehmen oder kennenlernen wollen, welche Arbeit noch abschließen und was nicht mehr tun, wenn ich wüsste, dass ich in zwanzig, zehn, fünf, zwei Jahren oder

Monaten, Wochen oder Tagen sterben würde? Lassen Sie den Zeitpunkt des Todes langsam näher rücken, bis Sie klare Signale spüren, etwas noch zu tun oder zu lassen.
Mir hat diese Übung seit Ende der 1980er-Jahre sehr geholfen, wichtige Entscheidungen zu treffen und immer deutlicher zu bemerken, was mir wirklich am Herzen liegt und was nicht.

Die Vier Unermesslichen Haltungen

»Mögen die Wesen nur Glück erleben, frei sein von Leid, voller Freud, in Gleichmut ruh'n.« Buddha lehrte diese vier Haltungen für ein konstruktives Umgehen mit schönen und auch mit schwierigen Erfahrungen. Kurz und knapp zusammengefasst, geht es darum: Wir üben Wohlwollen und Freude bzw. Dankbarkeit, wenn es gut läuft, und Mitgefühl und Gleichmut oder Gelassenheit, wenn das Leben schwierig wird. Ich spreche und singe diesen Vers mindestens einmal am Tag, aber meist häufiger, und so achte ich auch mehr auf das, was klappt im Leben und übe immer wieder Mitgefühl und Gelassenheit, statt mich in Ärger und Schuldzuweisungen zu verlieren.

Wie alt bin ich gerade? Wer spricht?[47]

Wenn wir aufgeregt, traurig, wütend oder voller Schuldgefühle sind, fragen wir uns: Wie alt bin ich gerade? Wer spricht?
Das *Kindheits-Ich*? Mamaaaaaaaaa! Ich will aber! Neugierig, ohne Rücksicht auf die Folgen. Primärprozesshaft. Egozentrisch. Charmant. Fantasievoll. Direkt. Rücksichtslos. Angst. Bravsein-Wollen. Rebellieren.
Das *Eltern-Ich*? Es trägt die gesammelten Weisheiten und Dummheiten der Eltern mit sich. Spricht mit: »Sollte, hätte, müsste, man …« Sorgt für Schuldgefühle. Lebt in der Vergangenheit. Vermittelt Sicherheit. Weiß Bescheid. Auch ohne hinzuschauen.
Das *Erwachsene-Ich*? Es schaut die Situation an und macht das Beste daraus, im Wissen: Es gibt keine heile Welt.

12. Weitere Reflexionen von A bis Z

Vorbemerkung

Ich stelle im Folgenden Reflexionen zu allen Säulen des Lebens in alphabetischer Reihenfolge vor, mit dem Hinweis auf das jeweilige, thematisch zugehörige Buchkapitel in Klammern. Es geht darum, Sie dabei zu unterstützen, meine Thesen und Überlegungen anhand Ihres Lebens zu reflektieren. Das trägt hoffentlich dazu bei, nährende Beziehungen mehr zu schätzen und zu pflegen und das, was fehlt, zu suchen und zu fördern. Vielleicht kann Sie dieser realistische und wertschätzende Blick auch mehr und mehr öffnen für die Perspektiven anderer auf sich selbst und die Welt.

Wie schon bei der Atemmeditation erwähnt, empfehle ich eine Sitzhaltung, bei der Sie einigermaßen stabil, aufrecht und bequem sitzen können, auf dem Meditationskissen auf dem Boden oder auf einem Stuhl. Bei den folgenden Reflexionen frage ich zunächst nach der aktuellen Situation. Und dann empfehle ich einen kurzen Rückblick auf Ihr Leben: Wie war das vor 10, 20, 30 Jahren, in Ihrer Kindheit und Jugend? Das fördert die Einsicht in hilfreiche Kontinuitäten, alte Muster und notwendige Veränderungen.

***Älterwerden* (7)**

Wie alt sind Sie und wie lebendig fühlen Sie sich? Haben Sie Angst vor dem Alter oder freuen Sie sich darauf? Wann beginnt für Sie das Alter? Haben Sie regelmäßig Kontakt zu jüngeren und älteren Menschen?
Wie wollen Sie leben, wenn Sie Unterstützung im Alter brauchen? Wie gehen Menschen in Ihrem Umfeld mit dem Älterwerden um?
Was wäre ein kluges Umgehen mit der Alterspyramide, die auf dem Kopf steht? Mit der Tatsache, dass es in Deutschland jetzt schon mehr Menschen über fünfzig Jahre als darunter gibt? Was wollen und können Sie zu einem klugen und kreativen Umgehen damit beitragen? Wie finden Sie den Satz einer Seniorin, der mich sehr inspiriert hat? »Statt mich über das zu ärgern, was ich alles nicht mehr kann, freue ich mich über meine altersgemäßen Fähigkeiten.«

Mein *aktives* Leben (6)
Hannah Arendt unterscheidet drei Bereiche des aktiven Lebens: notwendige Arbeit zum Überleben, nützliches Tun für die Gestaltung der gemeinsamen Welt und sinnvolles Reden und Handeln für das demokratische Miteinander. Wie viele Stunden des Tages und der Woche brauchen wir für die notwendige Arbeit, für Lebensunterhalt und Weiterbildung, Haushalt und Familie? Wie viel Zeit für die Gestaltung der Welt, für Kultur und Ehrenamt usw.? Wie viel Zeit für das Gespräch mit »Menschen im Plural« über die gemeinsame Welt und für die Beschäftigung mit Nachrichten in unterschiedlichen Medien? Wie viel nicht verplante Zeit bleibt da noch übrig?

Acht *Anliegen* (6)
Welche Anliegen stehen in meinem aktiven Leben im Vordergrund? Status und Besitz, auch von Wissen; Anerkennung und Zuwendung von anderen; angenehme Gefühle; die Sorge um den Verlust dieser Erfahrungen? Was steht eher im Vordergrund? Das Streben danach oder die Sorge um ihren Verlust? Wie war das früher, in unterschiedlichen Phasen des Lebens?

Vier und fünf *Bewusstseinsstrukturen* (2)
Jean Gebser und inspiriert von ihm Ken Wilber unterscheiden vier Bewusstseinsstrukturen, die nur zusammen den Sprung ins integrale Bewusstsein, in ein Leben in Fülle, ermöglichen: archaisches Einheitsgefühl, magische Verbundenheit, mythisches Sinnerleben und rationales Denken in Modellen und Begriffen. Lesen Sie den Abschnitt auf S. 23ff. in Kapitel 2, »Leben mit Herz und Verstand«, noch einmal und fragen Sie sich: Kenne ich Momente dieser ganzheitlichen Erfahrung? Welche Struktur dominiert oder will dominieren? Wie war das früher? Welche Bedingungen könnten die schwachen oder fehlenden Bewusstseinsstrukturen stärken? Rituale und Liturgie, Natur, tiefe Begegnungen, Poesie und Kunst oder Gespräche mit Menschen?

Sieben Schritte zu *Bodhicitta*
(Inspiriert von Karen Armstrong)[48] (2)
Kennen wir diese sieben Erfahrungen, die in Kapitel 2 vorgestellt wurden, oder einige davon? Ich halte sie für die notwendigen Voraussetzungen für ein Leben in Mitgefühl und tiefem Vertrauen oder, christlich ausgedrückt, in Gottvertrauen und Nächstenliebe. Inspiriert von diesen

sieben tiefen Einsichten finden wir vielleicht den Mut und die Kraft, mit uns und anderen als unvollkommenen Menschen zu leben. Das ist die Haltung und die lebenslange Inspiration der Bodhisattvas, die ein Leben zum Wohle aller anstreben und sich darum bemühen.

1. Existenzielle Fragen und Zweifel: Das Leben wird problematisch.
2. Individualisierung und selber denken: Wir lösen uns heraus aus kollektiven Strukturen.
3. Mitgefühl: Wenn wir unser eigenes Leiden spüren, kann dies Mitgefühl für alle wecken und zu einer universellen Ethik motivieren. Vielleicht ahnen wir die essenzielle Verbundenheit aller Wesen jenseits aller Unterschiede.
4. Verinnerlichung der Religion: Menschen suchen das Unfassbare in sich und nicht mehr in einem fassbaren Objekt im Außen.
5. Wahrheit liegt jenseits von Denken: Es gibt keine absolute oder objektivierbare Wahrheit.
   Menschen lernen Ansichten als Ansichten zu durchschauen und wissen, dass der Urgrund oder Gott, Buddha-Natur oder die Tiefendimension des Lebens unfassbar ist.
   Schweigen. Leerheit.
6. Innerer Frieden wird zum höchsten Ziel, nicht mehr eine objektivierbare und begrifflich fassbare Wahrheit.
7. Leben im Schnittpunkt beider Dimensionen: Wir ahnen ein Leben im Fassbaren und Unfassbaren, im Bedingten und Nichtbedingten, in Immanenz und Transzendenz.

Sechzehn Gelübde der *Bodhisattvas*[49] (8)

Wie würden Sie diese Empfehlungen in eigenen Worten formulieren?
1–3: Ich nehme Zuflucht zu Buddha, Dharma und Sangha.
4–6: *Die Lehre der Sieben Buddhas:* Tu Gutes, meide das Böse und kläre deinen Geist. Das ist die Lehre des Buddha.
7–16: *Die zehn Silas:*

- *7–11: Die fünf Silas für Laien:* Ich entschließe mich ... 7. nicht zu töten, sondern alles Leben zu ehren. 8. nicht zu nehmen, was nicht gegeben wird, sondern die Dinge anderer zu achten. 9. niemanden mit meiner Sexualität zu verletzen, sondern Beziehungen zu achten. 10. nicht zu lügen, sondern die Wahrheit zu sagen bzw. nur das, von dem ich weiß, dass es wahr ist. 11. keine Rauschmittel wie Alkohol und Drogen zu benutzen und andere nicht dazu zu verleiten, sondern den Geist durch Meditation zu klären.

- *12–16: Die fünf Bodhisattva-Silas im engeren Sinn:* Ich entschließe mich … 12. nicht von den Fehlern anderer zu sprechen, sondern verständnis- und liebevoll zu sein. 13. mich nicht selbst zu loben, indem ich andere herabsetze, sondern meine Unzulänglichkeiten zu überwinden.
- 14. nicht geizig zu sein, sondern großzügig geistige und materielle Hilfe zu gewähren.
- 15. Ärger nicht auszuagieren, sondern zu bemerken und meinen Geist durch Meditation zu klären.
- 16. die Drei Juwelen der Zuflucht nicht zu missachten, sondern sie zu ehren und immer wieder Zuflucht zu ihnen zu nehmen.

Mein *digitaler* Alltag (6)

Welche neuen Medien kennen Sie und wie oft und wie lange nutzen Sie sie jeden Tag? Wann und aus welchen Motiven und Absichten schalten Sie Ihr Smartphone aus? Wie fühlen Sie sich, wenn Sie Ihr Gerät zu Hause vergessen haben? Welche Folgen hätte es, wenn Sie es verlören? Wie gehen die Menschen in Ihrem Umfeld mit den neuen Medien um? Wie alt waren Sie, als Sie die Welt der neuen Medien entdeckten?

***Entscheidungen* und ihre Folgen (9)**

Jede Entscheidung hat Folgen. Wir können sie nur abschätzen, nie genau wissen. Daher empfiehlt Buddha, die Motive und Absichten zu prüfen – warum und wozu wollen Sie etwas tun? – und mögliche Folgen für sich selbst und für andere zu berücksichtigen. Wie treffen Sie schwierige Entscheidungen? Beraten Sie sich mit anderen? Was tun Sie, wenn Sie bemerken, dass Sie anderen mit Ihrem Tun geschadet haben?

Die *Erde* auf Erden (9)

Was bedeutet für Sie ein gutes und gelingendes Leben? Welche Wünsche und Sehnsüchte haben Sie? Wollen Sie den Himmel auf Erden für alle, jetzt und sofort? Und falls das nicht klappt, halten Sie das Auf und Ab des Lebens für die Hölle auf Erden? Geht es vielleicht eher darum, die Erde auf Erden zu schätzen und zu pflegen?
Was lösen diese Bilder in Ihnen aus?

***Erleben* und beobachten[50] (2)**

Weisheit, Mitgefühl und kluges Handeln setzen voraus, dass wir nicht nur Erfahrungen aus der Innenperspektive haben, etwas mit Leib und

Seele erleben, sondern dass wir uns selbst auch immer wieder von außen, mit Körper und Geist, *beobachten* können. Das lernen wir, wenn wir immer wieder innehalten und eine Erfahrung nachklingen lassen. Mir hilft dabei vor allem die Übung *Aufhänger, Stimmung, Hintergrund* (s. o.). Wann und wie haben Sie Innen- und Außenperspektive unterscheiden gelernt?

Familie und Wahlfamilie (4)

Haben Sie Kontakt zu Ihrer Blutsfamilie und zu Verwandten? Wie wichtig sind Freundinnen und Weggefährten? Wie viele regelmäßige Kontakte brauchen und finden Sie? Reicht das? An wen wenden Sie sich, wenn Sie in einer Krise stecken? Wie war das früher?

Feste feiern (4)

Welche Feste feiern Sie? Geburtstage und Jubiläen, Weihnachten und Neujahr, religiöse oder andere Feste? Mit wem feiern Sie gerne? Was bewirken gemeinsame Feste in Ihnen? Wie war das früher?

Vier _Fragen_ von Immanuel Kant (2)

Seit vielen Jahren inspirieren mich die vier Fragen des Philosophen Immanuel Kant:
Was kann ich wissen? Was darf ich hoffen?
Was soll ich tun? Was ist der Mensch?
Wie würden Sie diese Fragen beantworten? Wie war das früher?

Meine _Fragen_ ans Leben (8)

Gibt es große Fragen, die sich wie ein roter Faden durch Ihr Leben hindurchziehen? Falls ja, welche? Hier ein paar meiner unbeantworteten Leitfragen: Was ist der Sinn meines Lebens? Warum und wozu gibt es Leiden in der Welt? Woher kommt das Böse im Sinne der Neigung von Menschen, sich und andere zu verletzen, ihnen bewusst und willentlich zu schaden? Warum leben Menschen nicht in Frieden miteinander? Was bräuchte es dafür? Können Menschen eine gerechte Gesellschaft schaffen? Falls ja: Welche Bedingungen braucht es dafür und wer kann sie schaffen?
Was hilft Ihnen zu ertragen, dass Sie keine endgültige Antwort auf diese Fragen finden oder andere Sie anders beantworten?

***Geborgenheit* und Freiheit (4)**

Wo und mit wem erleben Sie Geborgenheit und Zugehörigkeit? Von wem fühlen Sie sich angenommen und getragen und bei wem können Sie sein, wie Sie sind, unvollkommen und mit Ecken und Kanten?
Wie war das früher? Von welchen Zwängen und überzogenen Ansprüchen haben Sie sich im Laufe Ihres Lebens befreien können? Wozu nutzen Sie Ihre neue Freiheit? Was tun und was lassen Sie?

***Gesundheit* (7)**

Welche Rolle spielt Gesundheit für Sie? Sind Sie gesund und munter genug? Oder leiden Sie unter einer Krankheit? Fühlen Sie sich gut begleitet von Ihrem medizinischen Netzwerk? Was gehört dazu? Ärztin und/oder Heilpraktiker, Psychotherapeutin, Physiotherapeut, Krankengymnastin? Wie war das früher? Wie geht es jüngeren und älteren Menschen in Ihrem Umfeld? Worunter leiden sie?
Welche Aussage berührt Sie mehr? »Hauptsache gesund!« oder: »Leben mit Zuversicht und Vertrauen, was auch geschieht!« Was können Sie zu Ihrer Gesundheit beitragen?

***Gleich* und verschieden (8)**

Die Moderne betont die abstrakte Gleichheit aller Menschen in Recht und Politik, vor dem Gesetz und bei Wahlen, auch wenn alle Menschen wissen und erleben, dass wir als Individuen einzigartig und konkret sehr verschieden sind. Wie erleben Sie diese Paradoxie im Alltag?
Und wie gehen Sie damit um?

Die *Goldene* Regel (8)

Was du nicht willst, das man dir tu', das füg' auch keinem andern zu.
Kennen und schätzen Sie die Goldene Regel? Falls ja, wie würden Sie sie konkret für sich formulieren? Was wollen Sie nicht durch andere erleben? Was wollen Sie anderen nicht zufügen?

***Gruppen* (1)**

Nach einer mir stimmig erscheinenden Faustregel brauchen wir drei unterschiedliche Gruppen von Menschen, denen wir uns zugehörig fühlen, auch wenn wir sie nur ab und zu sehen, z. B. Sportverein, Intervisionsgruppe und Ehrenamt oder Familie, Nachbarschaft und Kirchengemeinde bzw. Meditationsgruppe. Welche Säulen werden durch diese Beziehungen gestärkt? Wie war das früher? Welche Beziehungen tragen

Sie schon lange, wann kamen neue hinzu und welche wurden unwichtig? Wie sieht es in Ihrem Umfeld aus? Welche Säulen sind stabil und welche wanken bei den Menschen, die Ihnen nahestehen?
Wie war das früher? Was hat sich wodurch verändert?

Die *gute* alte Zeit (9)

Manche Menschen sehnen sich nach der guten alten Zeit, die es so nie gab. Nach den wilden Siebzigern oder Achtzigern. Nach der Zeit der Vollbeschäftigung und des wachsenden Wohlstands. Nach der Zeit vor all den gegenwärtigen Krisen. Kennen Sie solche Gedanken?
Wie denken Menschen in Ihrem Umfeld? Und wie war das früher? Wonach sehnen Sie sich zurück? Schauen Sie bitte wirklich genau hin und achten Sie auch auf die Schattenseiten von damals.

Das *kontemplative* Leben: Selberdenken und jenseits von Denken (6)

Hannah Arendt beschreibt das kontemplative Leben in Anlehnung an die griechische Tradition als Selberdenken bzw. Philosophieren als Prozess, als Verb, d.h. wir lassen existenzielle Fragen zu und stellen sie auch dann, wenn es keine klaren Antworten dazu gibt. In Verbindung mit Gebeten und Varianten religiöser Praxis kann das zu einer tiefen Einsicht in die Grenzen des Denkens und darüber hinaus führen.
Welche Fragen ans Leben bewegen Sie und wichtige Menschen in Ihrem Umfeld? Glauben Sie, dass es für alle großen Fragen richtige Antworten geben sollte? Kennen Sie Momente jenseits von Denken?

Leben im Schnittpunkt beider Dimensionen (8)

Jesus Christus ist nach Aussage des Christentums »wahrer Mensch und wahrer Gott«, und zwar gleichzeitig. Er hat als Mensch gelitten, nannte uns Schwestern und Brüder, hatte Konflikte mit Angehörigen und Schülern, starb am Kreuz. Und er sagte von sich: »Ich und der Vater sind eins.«
Bedeutet Ihnen das Bild etwas, im Schnittpunkt beider Dimensionen, der göttlichen und der menschlichen, zu leben? Inspiriert es Sie zu einem verantwortungsvollen Leben im Alltag und zu einem tiefen Vertrauen, das Sie und uns alle trägt, was auch geschieht? Für mich ist das die Essenz dieser tiefen und für den Verstand nicht fassbaren Aussage »wahrer Mensch und wahrer Gott«.

Die acht Arten des natürlichen *Leidens* (7)
Welche dieser Leiden kennen Sie und wie gehen Sie damit um?
1.–4.: Geburt, Alter, Krankheit und Sterben bzw. Tod;
5.–8.: verlieren, was man liebt; nicht bekommen, was man sich wünscht; erleben und bekommen, was man nicht will; nie sicher sein vor Leiden, auch wenn gerade alles gut läuft. Diese acht Leiden gehören zum Leben, und nur, wenn wir sie nicht leugnen oder ablehnen, können wir das Beste daraus machen, zum eigenen Wohl und dem aller.
Freuen Sie sich, wenn Sie keine Probleme haben? Wie gehen nahe Menschen mit Leiden um?

Mut zur *Muße* oder das neue Sabbat-Prinzip (6)
Wie viele Stunden am Tag und in der Woche sind nicht verplant? Sind frei für das, was Ihnen am Herzen liegt? Vielleicht eine Zeit zum Selberdenken und für Abläufe, durch die Sie jenseits von Denken gelangen? Ein Spaziergang in der Natur, ein Gebet, eine Meditation oder eine religiöse Andacht? Gemeinsames Singen, Tanzen oder Musizieren?
Seit Mitte der 1980er-Jahre liegen mir solche zweckfreien Zeiten sehr am Herzen und ... seither habe ich Zeit dafür. Wollen Sie mehr zweckfreie Zeit finden? Dann probieren Sie das neue Sabbat-Prinzip aus und reservieren Sie nach und nach ein Siebtel des Tages, der Woche, des Monats, des Quartals und vielleicht sogar des Jahres für zweckfreies Tun und Lassen.
Probieren Sie es aus und schauen Sie, welche Folgen es für Ihr Lebensgefühl hat. Mit Geduld und Humor kann das gelingen.

***Nachbarschaft* (5)**
Haben Sie direkte Nachbarn? Wie gut kennen Sie sie und wie wichtig sind sie Ihnen? Helfen Sie sich ab und zu? Teilen Sie Interessen und unternehmen Sie etwas zusammen, und falls ja, was?

***Reaktiver* und intentionaler Modus (6)**
Wie viel Zeit auf der Arbeit und im Alltag leben Sie im reaktiven Modus, in dem andere Menschen oder detaillierte Pläne und Zeitstrukturen Ihnen vorschreiben, was Sie zu tun haben? Und wie viel Raum gibt es, in dem Sie selbst herausfinden wollen und können, was Sie wie und wann tun oder auch lassen? Wenn Sie die meiste Zeit im reaktiven Modus verbringen, führt das schnell zu Erschöpfung und Burnout.

Regionale und lokale Kontakte (5)

Wie lange leben Sie schon am selben Ort oder in derselben Wohnung? Welche Kontakte sind wichtig? Welche Interessen teilen Sie? Sport, Kultur, Ehrenamt oder soziale Arbeit? Politik, Wirtschaft, Klima oder persönliches Wachstum? Was lernen Sie in diesen Begegnungen?

Religion und säkulare Ethik (9)

Braucht eine säkulare Ethik eine Religion als Grundlage? Muss sie sich auf universelle Gesetze stützen, die sie nicht selbst geschaffen hat? Reicht Ihnen eine säkular formulierte Goldene Regel, um sich nach bestem Wissen und Gewissen rücksichtsvoll zu verhalten, Verantwortung auch für die unbeabsichtigten Folgen Ihres Handelns zu übernehmen und die unbeantwortbaren Fragen ans Leben auszuhalten?

Meine *Säulen* des Lebens (1)

Welche Beziehungen schätzen Sie derzeit besonders? Welche Säulen wanken? Wie war das früher?

Denken Sie an eine Krise, die Sie gut überstanden haben. Welche Säulen haben damals gewankt und wer und was hat Ihnen geholfen, das Beste daraus zu machen?

Der *Sinn* meines Lebens (1)

Was ist für mich der Sinn des Lebens? Wie war das vor 10, 20, 30 Jahren, in Ihrer Kindheit und Jugend? Gibt es einen roten Faden?

Wie viel Raum geben Sie dem, was Ihnen am Herzen liegt?

Kreativ *streiten* (4)

Wir können dann mit anderen kreativ oder konstruktiv streiten und unterschiedliche Perspektiven auf uns selbst und die Welt aushalten, wenn wir mit diesen Menschen auch wichtige Anliegen und Werte teilen. Mit wem können Sie das nicht? Und mit wem gelingt es? Was teilen Sie mit dieser Person bzw. diesen Menschen? Wie war das früher?

Sympathikus- und Parasympathikus-Modus (6)

In Momenten großer Herausforderungen und Gefahr schalten wir in den aktiven Sympathikus-Modus, der ein schnelles Reagieren in vertrauten Gewohnheiten erlaubt und so unser Überleben schützt. Wir brauchen aber mehrmals am Tag Phasen ohne Leistungsdruck und Anforderungen. Dann schaltet der Körper um in den Ruhe-Modus, den

Parasympathikus-Modus. Im Ruhe-Modus und durch genügend nächtlichen Schlaf regenerieren sich Immunsystem und Verdauungssystem. Ohne regelmäßige Ruhe-Phasen am Tag werden wir krank.
Machen Sie genügend Pausen? Lassen Sie Ihrem Körper Zeit und Ruhe, sich zu regenerieren? Der Zeitgeist mit seinem Dauerangebot an Ablenkung und Informationsüberfülle steht dem entgegen. Viele Menschen entdecken die schädliche Wirkung eines hyperaktiven Lebensstils ohne Pausen leider erst durch eine Krankheit.
Ich bitte Sie: Machen Sie regelmäßig Pause. Und experimentieren Sie mit einem persönlichen Sabbat-Modell.

Nach einem *Umzug* (5)
Sind Sie schon häufiger umgezogen? Wie schnell haben Sie sich am neuen Ort eingelebt und neue für Sie wichtige Kontakte geknüpft? Eine soziologische Faustregel besagt, dass wir uns dann an einem neuen Ort angekommen und zuhause fühlen, wenn wir etwa dreißig Menschen mehr oder weniger kennen, die uns auch wiedererkennen. Das hat sich für mich mehr als einmal nach einem Umzug als gute Faustregel herausgestellt.
Was sind Ihre Erfahrungen mit dem Ankommen nach einem Umzug?

***Verstand* und Vernunft (9)**
Eine große Inspiration für mich ist seit über zwanzig Jahren Hannah Arendts und Immanuel Kants Unterscheidung zwischen Verstand und Vernunft. Der Verstand sucht fassbares Wissen, um konkrete Abläufe und Dinge zu gestalten. Die Vernunft inspiriert uns zum Selberdenken und stellt letztlich unbeantwortbare Sinnfragen – und das immer und immer wieder. Und so entdeckt sie ihre eigenen Grenzen. Heilige Orte, Zeiten und Liturgien sind seit Jahrtausenden erprobte Methoden, für Momente jenseits von Denken, Raum und Zeit zu gelangen. Das kann das Vertrauen ins Große Ganze stärken.
Kennen Sie solche Erfahrungen? Tiefes Vertrauen ins Leben oder in die Natur, in Gott oder einen göttlichen Urgrund? Ein Vertrauen, das keine Beweise braucht? Falls ja, was nährt dieses Vertrauen?

Drei Arten des *Vertrauens* (3)
Drei Arten des Lernens fördern drei Arten des Vertrauens: Hören und Lesen fördern Vertrauen in andere. Nachdenken, überprüfen und ausprobieren fördern Selbstvertrauen. Innehalten, stille Meditationen und

Reflexionen über das, was uns berührt und inspiriert, können tiefes Vertrauen jenseits von Worten und Begriffen wecken und fördern. Wir können es nicht erzwingen, aber wir können gute Bedingungen für die Entwicklung von tiefem Vertrauen schaffen – in der Meditation. Die tibetische Tradition fasst diese Art von Meditation in drei Schritten zusammen: Wissen, Einsicht, Sammlung.

1. Wissen: Wir erinnern den Inhalt, der uns inspiriert, z.B. »Möge ich bzw. mögest Du glücklich sein« und bewegen diesen Satz für einige Momente im Herzen.
2. Dann kann uns dieser Satz so tief berühren, dass wir für Momente wissen: Das ist wahr und richtig. Das nennt die Tradition Vipassana, tiefe Einsicht.
3. Dann richten wir die Aufmerksamkeit für einige Momente auf diese Einsicht. Das ist Sammlung. Das machen wir immer und immer wieder, bis uns die Einsicht in Fleisch und Blut übergeht. So entsteht tiefes Vertrauen.

Wir können diese Übung mit unterschiedlichen Themen, die uns am Herzen liegen, ausprobieren. Und auf diese Weise herausfinden, was wirklich trägt, auch in Krisen und schwierigen Zeiten, z.B. offene Gespräche, Mitgefühl, Geduld oder Humor.

Vorbilder statt Feindbilder (4)

Wenn wir uns unsicher, hilflos und ohnmächtig fühlen, neigen wir dazu, bestimmten Menschen und Umständen die Schuld dafür zuzuweisen. Leider verstärkt das in der Regel unsere Ohnmacht, und dann reagieren wir je nach Temperament und Lebenserfahrung mit Wut, Angst oder Erstarren und mit dem Leugnen von Gefühlen und Erfahrungen. Das hilft niemandem. Wir brauchen Vorbilder statt Feindbilder. Sie wirken durch ihr Verhalten, nicht lediglich durch kluge Theorien, können uns zu konstruktiven Einstellungen und Haltungen inspirieren, und dazu, das Beste aus einer schwierigen Situation zu machen.
Haben Sie Vorbilder? In welchen Bereichen? Wie war das früher?

Wo fühle ich mich *zuhause*? (5)

Wo und mit wem fühlen Sie sich zuhause? Ist das wichtig für Sie?
Und falls ja, was spielt da mit hinein? Landschaft und Orte, Wohnung und Nachbarschaft, vertraute Menschen, Sprache und Dialekt, Lebensart und Kultur? Wie war das früher? Wo und wie fühlen sich Angehörige und Freundinnen, Arbeitskollegen und nahe Menschen zuhause?

Anhang

Dank

Ich bedanke mich bei der Leitung der Internationalen Gesellschaft für Tiefenpsychologie (IGT), die mich auf der Herbsttagung in Lindau 2022 zu einem Workshop zum Thema »Säulen des Lebens« einlud. Und bei meiner Lektorin Dr. Christiane Neuen, die mir vorschlug, meine Überlegungen dazu als Buch beim Patmos Verlag herauszubringen, und mich wie immer mit ihren klugen und präzisen Nachfragen zu mehr Klarheit und Lesbarkeit inspirierte. Monika Amler und Raimund Hopf lasen das Manuskript in früheren und späteren Fassungen und machten anregende Vorschläge und stellten mir kluge Fragen. Mein Dank geht auch an alle, die am Workshop in Lindau und an meinen Seminaren und Schweigekursen teilnahmen und teilnehmen und mich durch ihre Fragen und positiven Rückmeldungen darin bestärken, buddhistische Lehren und Übungen immer wieder neu für unsere Zeit und Kultur zu übersetzen.

Anmerkungen

1 Habermas (2015).
2 Vgl. Arendt (1996; 2001).
3 Vgl. Armstrong (2012); Wetzel (2017).
4 Vgl. Armstrong (2012).
5 Vgl. Levine (2012).
6 Arendt (2001).
7 Vgl. Wetzel (2017).
8 Arendt (2001), S. 201ff..
9 Vgl. Van Schaik / Michel (2020).
10 Vgl. Weber (1984). Mehr zum Thema Arbeit und Muße in: Wetzel (2017).
11 Vgl. Wetzel (2022b), Kapitel 12.
12 Vgl. Wetzel (2019a), S. 36.
13 Vgl. Wetzel (2022a), S. 156.
14 Vgl. Marquard (2000).

15 Vgl. Dürr (2012).
16 Vgl. ebd.
17 Vgl. Wolfgang Pauli, in: Dürr (1986).
18 Vgl. Arendt (2020).
19 Vgl. Armstrong (2012).
20 Vgl. Gebser (1986).
21 Vgl. Habermas (2015).
22 Vgl. Armstrong (2006).
23 www.buddhistische-perspektiven.de.
24 Vgl. Pieper (2013).
25 Vgl. Swarz (2016).
26 Vgl. Arendt (2023).
27 Vgl. den Abschnitt »Drei universelle Erfahrungen und Acht Arten des Leidens« dieses Buches, S. 71f..
28 Vgl. Bauschke (2010).
29 Vgl. Jaspers (1971); Armstrong (2012); Wetzel (2022a).
30 Vgl. Kalu Rinpoche (1990); Surya Das (1985); Wetzel (2022a), S. 366.
31 Vgl. Neumann (2023a; 2023b).
32 Vgl. Wetzel (2018), S. 48ff., und dies. (2022a), S. 35ff..
33 Vgl. Neumann (2023a; 2023b).
34 Vgl. Tillich (1965).
35 Vgl. Sennett (1987).
36 Buber (2014).
37 Vgl. Habermas (2015).
38 Vgl. Kurzweil (2001).
39 Vgl. Arendt (2001).
40 Vgl. Fenner (2011); Batchelor (2017); ders. (2019).
41 Vgl. Jaspers (1971); Armstrong (2012).
42 Vgl. Bauschke (2020).
43 Vgl. Wetzel (2022a), S. 35ff.
44 Wetzel (2019a).
45 Wetzel (2022b).
46 Diese Übung ist eine freie Interpretation von Nidiaye (2005), S. 75ff. Safi Nidiayes Unterscheidung zwischen sekundären Gefühlen, die eine Reaktion auf das Verhalten von anderen sind, und primären Gefühlen ist sehr hilfreich. Sie entspricht der buddhistischen Unterscheidung von Grundgefühlen – zwischen angenehm, unangenehm und neutral – und reaktiven Emotionen, die meist mit Schuldzuweisungen an andere einhergehen. Vgl. meine Übung »Aufhänger, Stimmung, Hintergrund«.
47 Inspiriert von Thomas A. Harris: Harris (2007).
48 Vgl. Armstrong (2012).
49 Nach Robert Aitken Roshi: Aitken (1989).
50 Inspiriert von Lambert Wiesing: Wiesing (2002).

Literatur und *Leseempfehlungen (mit Sternchen)

Aitken, Robert (1989): Ethik des Zen. Diederichs, München.

*Arendt, Hannah (1996): Ich will verstehen. Selbstauskünfte zu Leben und Werk. Piper, München.

*Arendt, Hannah (2001): Vita Activa oder Vom tätigen Leben. Ungekürzte Taschenbuchausg. 12. Aufl. Piper, München.

Arendt, Hannah (2020): Zwischen Vergangenheit und Zukunft. (Übungen im politischen Denken; 1) Ungekürzte Taschenbuchausg. 5. Aufl. Piper, München.

Arendt, Hannah (2023): Elemente und Ursprünge totaler Herrschaft. Antisemitismus, Imperialismus, Totalitarismus. Erweiterte Neuausg. Piper, München.

*Armstrong, Karen (2006): Achsenzeit. Vom Ursprung der Weltreligionen. Siedler, München.

Armstrong, Karen (2012): Die Botschaft. Der Weg zu Frieden, Gerechtigkeit und Mitgefühl. Pattloch, München 2012.

Batchelor, Stephen (2017): Jenseits des Buddhismus. Eine säkulare Vision des Dharma. edition steinrich, Berlin.

Batchelor, Stephen (2019): Buddhas langer Weg nach Europa. 2500 Jahre Begegnung von Buddhismus und europäischer Kultur. Verlag Mittlerer Weg, Heidelberg.

Bauschke, Martin (2010): Die Goldene Regel. Staunen – Verstehen – Handeln. EB-Verlag, Berlin.

Buber, Martin (2014): Ich und Du (1923). Nachw. von Bernhard Casper. Reclam, Stuttgart.

Dalai Lama (1998a): Gesang der Inneren Erfahrung. Die Stufen auf dem Pfad zur Erleuchtung. Dharma Edition, Hamburg.

Dalai Lama (1998b): Der Stufenweg zu Klarheit, Güte und Weisheit. Eine Unterweisung auf der Basis der Schrift: Der angenehme Weg zur Erkenntnis aller Phänomene. Diamant, München.

Dalai Lama (2015): Der Appell des Dalai Lama an die Welt. Ethik ist wichtiger als Religion. Mit Franz Alt. Benevento, Wals bei Salzburg.

Das, Surya (1999): Der Achtfache Pfad. Lehrbuch zur Erleuchtung. Krüger, Frankfurt am Main.

*Dürr, Hans-Peter (2001): Wir erleben mehr als wir begreifen. Quantenphysik und Lebensfragen. Herder, Freiburg im Breisgau.

Dürr, Hans-Peter (Hg.) (2012): Physik und Transzendenz. Die großen Physiker unserer Zeit über ihre Begegnung mit dem Wunderbaren. Überarb. Neuaufl. 2. Aufl. Driediger, Bad Essen 2018.

*Eliade, Mircea (1998): Das Heilige und Profane. Vom Wesen des Religiösen. Insel, Frankfurt am Main.

Epiktet (1959): Handbüchlein der Ethik. Kohlhammer/Reclam, Stuttgart.

Fenner, Peter (2002): The Edge of Certainty. Dilemmas on the Buddhist Path. Nicolas-Hays, York Beach, ME.

*Gebser, Jean (1986): Gesamtausgabe. Bd. 3: Ursprung und Gegenwart. Die Manifestationen der aperspektivischen Welt. Versuch einer Konkretion des

Geistigen. Bd. 4: Ursprung und Gegenwart. Kommentarband. Bd. 5: Vorlesungen und Reden zu »Ursprung und Gegenwart«. Novalis, Schaffhausen.
Habermas, Jürgen (2015): Nachmetaphysisches Denken II. Suhrkamp, Frankfurt am Main.
Harari, Yuval Noah (2013): Eine kurze Geschichte der Evolution. DVA, München.
Harari, Yuval Noah (2017): Homo deus. Eine Geschichte von Morgen. C. H. Beck, München.
*Harris, Thomas A. (2007): Ich bin o.k., du bist o.k. Wie wir uns selbst besser verstehen und unsere Einstellung zu anderen verändern können. Eine Einführung in die Transaktionsanalyse. 42. Aufl. Rowohlt, Reinbek bei Hamburg.
*Jaspers, Karl (1971): Einführung in die Philosophie (1953). Piper, München.
Jung, C. G. (2023a): Nach der Katastrophe (1945). In: GW 10: Zivilisation im Übergang. Hg. von Lilly Jung-Merker / Elisabeth Rüf. Sonderausgabe. 7. Aufl. Edition C. G. Jung im Patmos Verlag, Ostfildern, §§ 400–443.
Jung, C. G. (2023b): Die Relativität des Gottesbegriffes bei Meister Eckhart. In: Kap. V: Das Typenproblem in der Dichtkunst (1921). In: GW 6: Psychologische Typen. Hg. von Marianne Niehus-Jung / Lena Hurwitz-Eisner / Frank Riklin / Leonie Zander. Sonderausgabe. 6. Aufl. Edition C. G. Jung im Patmos Verlag, Ostfildern, §§ 407–433.
Jung, C. G. (2023c): Zur gegenwärtigen Lage der Psychotherapie (1934). In: GW 10: Zivilisation im Übergang. Hg. von Lilly Jung-Merker / Elisabeth Rüf. Sonderausgabe. 7. Aufl. Edition C. G. Jung im Patmos Verlag, Ostfildern, §§ 333–370.
Jung, C. G. (2024): Erinnerungen, Träume, Gedanken. Aufgezeichnet und herausgegeben von Aniela Jaffé (1962). Korrigierte Sonderausgabe. 23. Aufl. Edition C. G. Jung im Patmos Verlag, Ostfildern.
Kabat-Zinn, John (1991): Gesund und stressfrei durch Meditation. Das große Buch der Selbstheilung. O. W. Barth, München.
*Kalu Rinpoche (1990): Der Dharma, der wie Sonne und Mond alle Wesen ohne Unterschied erleuchtet. Kagyü-Dharma-Verlag, Mechernich.
Kantowsky, Detlev (1994): Buddhismus. 2. Aufl. Aurum, Braunschweig.
*Knapp, Natalie (2015): Kompass Neues Denken. Wie wir uns in einer unübersichtlichen Welt orientieren können. 4. Aufl. Rowohlt, Reinbek bei Hamburg.
*Köppler, Paul H. (2016): Das lehrt der Buddha. Die Lehrreden – zeitgemäße Fassung, umfassende Auswahl, nach Themen geordnet. Waldhaus Verlag, Nickenich (Bearbeitete Neuausg. von: So spricht Buddha).
Johannes v. Kreuz (2005): Die Dunkle Nacht der Seele. Herder, Freiburg im Breisgau.
Kurzweil, Ray (2001): Homo s@piens. Leben im 21. Jahrhundert – was bleibt vom Menschen? 3. Aufl. Econ, München.
Lassalle, Hugo Makibi Enomiya (1986): Zen und christliche Mystik (1966). 3., überarb. und erw. Aufl. Aurum, Freiburg im Breisgau.

Levine, Peter: Sprache ohne Worte. Wie unser Körper Trauma verarbeitet und uns in die innere Balance zurückführt. 4. Aufl. Kösel, München.

Fischer-Schreiber, Ingrid (1986): Lexikon der östlichen Weisheitslehren. Buddhismus, Hinduismus, Taoismus, Zen. O. W. Barth, München.

Luhmann, Niklas (2000): Die Religion der Gesellschaft. Hg. von André Kieserling. Suhrkamp, Frankfurt am Main.

Luhmann, Niklas (2012): Macht. 4. Aufl. UVK Verl.-Gesellschaft, Konstanz/München.

Marquard, Odo (2000): Philosophie des Stattdessen. Studien. Reclam, Stuttgart.

Marquard, Odo (2003): Zukunft braucht Herkunft. Philosophische Essays. Reclam, Stuttgart.

Marquard, Odo (2004): Individuum und Gewaltenteilung. Philosophische Studien. Reclam, Stuttgart.

*Marquard, Odo (2008): Glück im Unglück. Philosophische Überlegungen. 3. Aufl. Fink, Paderborn.

Marti, Kurt (2004): Die Psalmen. Annäherungen. Radius, Stuttgart.

*Marti, Lorenz (2012): Eine Handvoll Sternenstaub. Kreuz, Freiburg im Breisgau.

McDonald, Kathleen (1994): Wege zur Meditation. Eine praktische Anleitung. 2., unveränd. Aufl. Diamant, Jägerndorf.

McLeod, Ken (2002): Wake Up to Your Life. Discovering the Buddhist Path of Attention. HarperOne, San Francisco.

McLeod, Ken, mit Togme Zongpo (2019): Leiden verwandeln, Glück schenken. 37 Übungen für das Auf und Ab des Lebens. edition steinrich, Berlin.

*Neumann, Erich (2023a): Die Bildung des Massenmenschen und die Rekollektivierungsphänomene. In: ders.: Ursprungsgeschichte des Bewusstseins. Neuausg. Patmos, Ostfildern, Appendix II, S. 447–456.

*Neumann, Erich (2023b): Die Gruppe, der Große Einzelne und die Entwicklung des Individuums. In: ders.: Ursprungsgeschichte des Bewusstseins. Neuausg. Patmos, Ostfildern, Appendix I, S. 429–445.

*Nidiaye, Safi (2005): Probleme lösen mit Meditation. Selbsthilfe für den Alltag. Hugendubel, Kreuzlingen/München.

Pieper, Josef (2007): Muße und Kult. (1948). Mit einer Einf. von Karl Lehmann. Neuausg. der 5., neu bearb. Aufl. 1958. Kösel, München.

Pieper, Josef (2012): Glück und Kontemplation. Hg. von Berthold Wald. Topos, Ostfildern.

*Pieper, Josef (2013): Hoffnung und Geschichte. Der Mensch und seine Zukunft. Topos, Ostfildern.

Ploberger, Florian (Hg.) (2023): Krank oder gesund. Wie man es sieht. Bacopa, Wien.

Roth, Gerhard (2003): Aus Sicht des Gehirns. Suhrkamp, Frankfurt am Main.

Schuhmann, Hans Wolfgang (1991): Buddhismus. Stifter, Schulen, Systeme. Walter, Olten / Freiburg im Breisgau,

Schulz, Hans-Jürgen (Hg.) (1973): Wer ist das eigentlich, Gott? Suhrkamp, Frankfurt am Main

Sennett (1987): Verfall und Ende des öffentlichen Lebens. Die Tyrannei der Intimität. Fischer-TB, Frankfurt am Main.

Swarz, James B. (2016): Die Wirklichkeit verstehen. Vedanta: eine praktische Einführung. Kamphausen, Bielefeld.

Tarab Tulku: https://tarab-institut.de

Thich Nhat Hanh (2000): Die fünf Pfeiler der Weisheit. Liebe, Achtsamkeit und Einsicht – der buddhistische Weg für den westlichen Menschen. Vollständige Taschenbuchausgabe. Droemer Knaur, München.

*Thubten, Yeshe (1998): Die Grüne Tara. Weibliche Weisheit. Grundlagen des buddhistischen Tantra. Hg. von Sylvia Wetzel. Diamant, München.

Thubten, Yeshe (2006): Wege zur Glückseligkeit. Einführung in Tantra. 4. Aufl. Diamant, München 2006.

Tillich, Paul (2015): Mut zum Sein. 2. Aufl., Neuausg. De Gruyter Berlin, 2015.

Tillich, Paul (2020): Vom Wesen und Wandel des Glaubens (Dynamics of faith). Neu übersetzt, eingeleitet und mit einem Kommentar versehen von Werner Schüßler. De Gruyter, Berlin,

Tulku Urgyen Rinpoche (2003): Regenbogenbilder. Aspekte der Dzogchenpraxis. Arbor, Freiamt im Schwarzwald.

*Van Schaik, Carel / Michel, Kai (2020): Das Tagebuch der Menschheit. Was die Bibel über unsere Evolution verrät. 9. Aufl. Rowohlt, Reinbek bei Hamburg.

*Weber, Max (1984): Die protestantische Ethik und der Geist des Kapitalismus (1904). Gerd Mohn, Gütersloh.

Wetzel, Sylvia (2017): Mut zur Muße. Sich Zeit gönnen für das Wesentliche. Scorpio, München 2017.

Wetzel, Sylvia (2018): Fühlen ist Leben. Mit schwierigen Gefühlen umgehen. Herder, Freiburg im Breisgau.

Wetzel, Sylvia (2019a): Achtsamkeit und Mitgefühl. Mut zur Muße statt Hektik und Burnout. 4. Aufl. Klett-Cotta, Stuttgart 2019 (1. Aufl. 2014).

Wetzel, Sylvia (2019b): Erwachen und Erlösung. Eine Buddhistin interpretiert das Christentum. Patmos, Ostfildern.

Wetzel, Sylvia (2022a): Grüne Tara – Freie Frau. Ein weibliches Bild des Erwachens. edition steinrich, Berlin.

Wetzel, Sylvia (2022b): Hoch wie der Himmel. Tief wie die Erde. Einsichten und Übungen zu Liebe, Beziehung und Arbeit. Vollständig überarbeitete und erweiterte Neuausgabe. Patmos, Ostfildern (1. Aufl. Theseus, Berlin 1999).

Wiesing, Lambert (2002): Philosophie der Wahrnehmung. Modelle und Reflexionen. Suhrkamp, Frankfurt am Main.

*Wilber, Ken (1997): Eine kurze Geschichte des Kosmos. Fischer-TB, Frankfurt am Main.

Sylvia Wetzel im Buchhandel

Bücher von Sylvia Wetzel

2023: Perlen buddhistischer Weisheit. Meditationen von A–Z. Patmos, Ostfildern.

2022: Grüne Tara – Freie Frau. Ein weibliches Bild des Erwachens. edition steinrich, Berlin.

2022: Hoch wie der Himmel. Tief wie die Erde. Einsichten und Übungen zu Liebe, Beziehung und Arbeit. Vollständig überarbeitete und erweiterte Neuausgabe. Patmos, Ostfildern (1. Aufl. Theseus, Berlin 1999).

2019: Erwachen und Erlösung. Eine Buddhistin interpretiert das Christentum. Patmos, Ostfildern.

2018: Fühlen ist Leben. Mit schwierigen Gefühlen umgehen. Herder, Freiburg im Breisgau.

2018: Meditieren – aber wie? Krisen in der Meditation überwinden. Klett-Cotta, Stuttgart.

2018: Lass los, was dich beschwert. Meditationen für die innere Leichtigkeit. Herder (1. Aufl. unter dem Titel: Leichter leben. Praktische Meditationen zum Umgang mit Gefühlen. Theseus, Berlin 2002).

2017: Mut zur Muße. Sich Zeit gönnen für das Wesentliche. Scorpio, München.

2015: Vertrauen. Finden, was uns wirklich trägt. Scorpio, München.

2014: Achtsamkeit und Mitgefühl. Mut zur Muße statt Hektik und Burnout. 4. Aufl. Klett-Cotta, Stuttgart 2019 (1. Aufl. 2014).

2007: Worte wirken Wunder. Reden mit Herz und Verstand. 2. Aufl., revidierte Ausgabe. Lehmanns, Berlin 2013 (1. Aufl. 2007).

1999: Das Herz des Lotos. Frauen und Buddhismus. 2. Aufl. der Neuausgabe. edition steinrich, Berlin 2018 (1. Aufl. S. Fischer, Frankfurt am Main 1999).

www.sylvia-wetzel.de

Zusammen mit Luise Reddemann

2017: Mögen alle Wesen glücklich sein. Mitgefühl und Gerechtigkeit neu entdecken. Patmos, Ostfildern.

2011: Aufmerksamkeit, Achtsamkeit und Erwachen – buddhistische Perspektiven. In: Reddemann, Luise (Hg.): Kontexte von Achtsamkeit in der Psychotherapie (Lindauer Beiträge zur Psychotherapie und Psychosomatik). 2., überarbeitete Aufl. Kohlhammer, Stuttgart 2017 (1. Auflage 2011).

2011: Der Weg entsteht unter deinen Füßen. Achtsamkeit und Mitgefühl in Übergängen und Lebenskrisen. 2. Aufl. der Neuausgabe. Herder, Freiburg im Breisgau 2018 (1. Auflage 2011).

Lama Thubten Yeshe (www.diamant-verlag.info)

2009: Meditieren, Selber denken, Tief verstehen. Mit einer Einführung von Sylvia Wetzel. Diamant, München.

2007: Grenzenlos ist die Kraft des Geistes. Einführung von Sylvia Wetzel. Diamant, München.

1998: Die Grüne Tara. Weibliche Weisheit. Grundlagen des buddhistischen Tantra. Herausgegeben und übersetzt von Sylvia Wetzel. Diamant, München.

Beiträge in Büchern. Auswahl

Anfängergeist. In: Reddemann, Luise (Hg.): Zeiten des Wandels. Die kreative Kraft der Lebensübergänge (Verena Kast zum 70. Geburtstag). Kreuz, Freiburg im Breisgau 2013.

Gesundheit als Mythos und Krankheit als Weg. In: Ploberger, Florian (Hg.): Krank oder gesund. Wie man es sieht. Bacopa, Wien 2023.

Die Liebe höret nimmer auf. In: Walter, Rudolf (Hg.): Inspiration für das Leben. Im Dialog mit der Bibel. Herder, Freiburg im Breisgau 2015.

Loslassen. In: Hartlieb, Gabriele / Quarch, Christoph / Schellenberger, Bernardin (Hg.): Spirituell Leben. 111 Inspirationen von Achtsamkeit bis Zufall. Herder, Freiburg im Breisgau 2002.

Nachwort. In: Rutter, Peter: Sex in der verbotenen Zone. Wie Männer mit Macht das Vertrauen von Frauen missbrauchen. Arbor, Freiamt im Schwarzwald 2002.

Schwarz, Rot, Grün. Ein Schwarzwaldmädel, rote Roben und die Grüne Tara. In: Waskönig, Dagmar Doko (Hg.): Mein Weg zum Buddhismus. Deutsche Buddhisten erzählen ihre Geschichte. O.W. Barth, Frankfurt am Main 2003.

Spannbauer, Christa: Im Haus der Weisheit. Sieben spirituelle LehrerInnen (u. a. Sylvia Wetzel) sprechen über ihre Visionen für unsere Zeit. Kösel, München 2008.

Trotz allem Jammer-Zweifel-Kummer – ich lebe gern. In: Lampe, Astrid / Abilgaard, Peer / Ottomeyer, Klaus (Hg.): Mit beiden Augen sehen. Leid und Ressourcen in der Psychotherapie. Luise Reddemann zum 70. Geburtstag. Klett-Cotta, Stuttgart 2013.

Vertrauen, Freude, Loslassen. In: Büssing, Arndt (Hg.): Regen über den Kiefern. Zen-Meditation für chronisch Kranke und Tumorpatienten. Mayer, Stuttgart 2001.

Vorwort. In: Ayya Khema: Was Du suchst, ist in Deinem Herzen. Hg. von Angela Krumpen. Herder, Freiburg im Breisgau 2001.

Vorwort. In: Herrmann-Pfandt, Adelheid: Dakinis. Zur Stellung und Symbolik des Weiblichen im tantrischen Buddhismus. Indica-et-Tibetica-Verlag, Marburg 2001.

Vorwort. In: Pollner, Agnes: Die Weibliche Seite des Buddha. Ein Lesebuch. (Mit Geschichten über 70 weise Frauen im Buddhismus). 2. Aufl. Theseus, Bielefeld 2010.

Informationen zum Buddhismus

Im Internet

www.dharma.de (Deutsche Buddhistische Union e. V., DBU)
www.buddhismus-austria.at (Österreich)
www.sbu.net (Schweiz)
www.buddhistische-akademie-bb.de (Berlin-Brandenburg)
www.buddhistische-perspektiven.de (Lehrerinnen-Verband)
www.buddhastiftung.org
www.frauen-und-buddhismus.de
www.berzinarchives.com (Texte aus unterschiedlichen buddhistischen Traditionen und in unterschiedlichen Sprachen)
www.fpmt.org

Buddhistische Zeitschriften

Buddhismus Aktuell. www.buddhismus-aktuell.de (DBU e. V.)
Intersein. www.intersein-zeitschrift.de (Thich Nhat Hanh)
Tibet und Buddhismus. www.tibet.de/zentrum/zeitschrift
Ursache & Wirkung. www.ursachewirkung.com

Buddhistische Verlage

www.arbor-verlag.de
www.buddhareden.de
www.buddhistischer-studienverlag.de
www.dharmata-verlag.de
www.diamant-verlag.info
www.edition-steinrich.de

Zur Autorin und zum Netzwerk Tara Libre

Sylvia Wetzel

Sylvia Wetzel, geb. 1949, studierte Russisch und Politik, Abschluss 1975, befasst sich seit 1968 mit unterschiedlichen Wegen zur psychologischen und politischen Befreiung und seit 1977 mit dem Buddhismus. Ausbildung in der tibetischen Tradition bei Lama Thubten Yeshe, Zopa Rinpoche, Rigdzin Shikpo u. a. und zwei Jahre Praxis als Nonne. Wichtige Impulse kommen aus dem Rinzai-Zen, dem Theravada und dem Tara-Rokpa-Prozess. Mit ihrem kritischen Blick auf Kultur und Geschlechterrollen in Ost und West ist sie eine Pionierin des Buddhismus in Europa. In ihren Kursen und Büchern macht sie komplexe Themen in verständlicher Sprache einem breiten Publikum zugänglich. Sie hat mehrere Schülerinnen ausgebildet und autorisiert, die ihre Arbeit weiterführen.

Die Fünf Säulen des Tara Libre Netzwerks

Die grüne Tara. Freie Frau und Erwachte.
Allgemeine Buddhistische Lehren. Buddha-Natur.
Bezüge zu abendländischer Philosophie & Psychologie, Christentum & indischem Vedanta
Üben, lehren und lernen mehrheitlich unter Frauen. Reflexion aller Geschlechterrollen und Identitäten.
Vernetzung in Gruppen. Horizontale Sangha.

Kurse von und mit Schülerinnen von Sylvia Wetzel

Lily Besilly. www.besilly.de
Nives Bercht. nives.bercht@gmx.de
Brigitte Feige. www.brigitte-feige.de
Solrun Jürgensen. solrun.jue@icloud.com
Sabine Hayoz Kalff. www.buddhazollikon.ch
Christine Kalkowski. www.christine-kalkowski.de
Zora Michaelis: nord@tara-libre.org
Alexandra Pfohlmann. www.alexandra-pfohlmann.de
Agnes Pollner. www.agnes-pollner.de

Informationen über Kurse:

Nives Bercht
Heckmannufer 4a, 10997 Berlin, Tel. 030/618 12 14
info@sylvia-wetzel.de | www.sylvia-wetzel.de (mit vielen Texten und Podcasts)

Ausführliches Inhaltsverzeichnis